PAPIER MACHE

BASTELBUCH

MARION ELLIOT

PAPIER MACHE

BASTELBUCH

MARION ELLIOT

KÖNEMANN

This book was designed and produced by
Quintet Publishing Limited
6 Blundell Street
London N7 9BH

Creative Director: Richard Dewing
Designer: James Lawrence
Project Editor: Stefanie Foster
Editor: Lydia Daryshire
Photographer: Ian Howes

Original title: Papier Maché

© 1996 für die deutsche Ausgabe
Könemann Verlagsgesellschaft mbH
Bonner Str. 126, D–50968 Köln
Redaktion und Satz der deutschen Ausgabe:
Königsdorfer Verlagsbüro, Frechen
Übersetzung aus dem Englischen:
Christiane Bergfeld, Hamburg
Druck und Bindung:
Sing Cheong Printing Co., Ltd.
Printed in Hong Kong
ISBN 3–89508–176-0

INHALT

WAS IST PAPIERMACHÉ?

Millionen Tonnen Papier werden jährlich weggeworfen – hier findest du viele lustige, kreative Anregungen zur Wiederverwertung!

Papiermaché, was französisch nichts anderes bedeutet als »gekautes Papier«, bietet interessante Möglichkeiten, aus Altpapier etwas Neues zu gestalten. Für die Herstellung gibt es zwei Grundtechniken: Modellieren von Papierbrei oder das Übereinanderkleben von Papierschichten.

Für den Brei weicht man kleine Papierstückchen in Wasser ein. Dann zerquetscht man sie zu Brei. Diesen läßt man abtropfen, drückt ihn fest aus und mischt ihn mit Klebstoff. Mit Wasser verdünnter Buchbinderleim eignet sich dazu sehr gut, Holz- und Bastelleim geht zur Not auch. Der daraus entstandene Brei läßt sich in gefettete Formen pressen, oder man kann daraus zusätzliche Details für Arbeiten anfertigen, die nach der Schichttechnik entstanden sind. Benötigst du nur kleine Mengen von Papiermasse, kannst du einen Papierstreifen einkleistern und ihn zwischen den Fingern zu einem Kügelchen formen.

Die Schichttechnik ist die in diesem Buch hauptsächlich verwendete Methode. Hierbei verklebt man Streifen aus zerrissenem Papier und bekommt eine sehr zähe, aber dünne Masse. Für manche Objekte verwendet man Papierbrei als Verzierungen von Bastelarbeiten.

Hier werden über 20 Anleitungen zum Ausprobieren vorgestellt, aber das ist nur der Anfang. Wenn du erst selbstsicherer und geschickter geworden bist, dann willst du sicher gern deine neuen Fähigkeiten ausprobieren. Du möchtest die Anleitungen vielleicht sogar für deine ganz speziellen Hobbys abwandeln.

Im ersten Kapitel findest du eine Beschreibung aller Materialien und Techniken, die zum Herstellen von Papiermaché nötig sind. Daran schließen sich die Anleitungen an, mit Ideen für besondere Anlässe und Gelegenheiten, Modeschmuck, Schachteln, Rahmen und Spielzeug; am Anfang werden ein einfacher Teller und eine Schale gebastelt.

Es ist ratsam, vor Beginn der Bastelarbeiten den Technikteil zu lesen, um sich mit den Grundtechniken und den erforderlichen Materialien vertraut zu machen. Ausdauer wird belohnt, auch wenn es erst mal ein bißchen Unordnung macht. Du wirst sehen: Eigene Kreationen aus Papiermaché bereiten viel Freude!

JETZT GEHT'S LOS

Das brauchst du

Papier

Als erstes brauchst du natürlich Papier! Alle Papiersorten eignen sich, und unterschiedliche Arten erzielen auch verschiedene Resultate. Sammle verschiedene Papiere – Zeitung, Computerausdrucke, braunes Packpapier und auch Telefonbücher –, und prüfe sie auf ihre Eignung hin. Je leichter und dünner das Papier, desto glatter wird die Oberfläche der fertigen Teile.

Zum Kaschieren, wobei man mehrere Lagen aus Papierstreifen übereinanderklebt, nimmt man am besten Zeitungspapier, da sich die Schichten gut miteinander verbinden. Fast jeder liest Zeitung, also sollte es kein Problem sein, Papier zu sammeln. Für den Papierbrei, bei dem kleine Papierstückchen in Wasser aufgeweicht, fast trocken ausgedrückt und mit Kleber vermischt werden, kannst du fast jedes Papier verwenden, aber meide solche Sorten, die gewachst oder wasserdicht sind (sie glänzen), da sie sich nicht im Wasser auflösen. Als Faustregel gilt: Je glatter und weißer das verwendete Papier ist, desto feiner wird die Papiermasse. Probiere verschiedene Papiersorten aus, um zu sehen, welche Effekte dir am besten gefallen.

Klebstoff

Jetzt hast du also schon mal Papier und mußt es gut miteinander verbinden. Am besten geht das mit kaltwasserlöslichem Tapetenkleister – nimm aber unbedingt eine ungiftige Marke. Tapetenkleister läßt sich leicht anrühren, und Reste kann man in einem luftdichten Behälter (z.B. Schraubglas) aufbewahren. Wenn du deine Kleidung damit bekleckerst, hinterläßt er keine Flecke und läßt sich leicht auswaschen. Statt Tapetenkleister kann man auch Buchbinderleim nehmen. Wenn du ihn für die Herstellung von Papiermaché brauchst, mußt du ihn zuerst verdünnen, und zwar mit doppelt soviel Wasser wie Leim. Dieser Leim trocknet schneller als Tapetenkleister und erzeugt härteres Papiermaché, doch er hat einen großen Nachteil: Spritzer lassen sich nicht aus Kleidern, Teppichen oder Polstern entfernen, wenn sie trocken sind, und du könntest vielleicht Ärger bekommen, wenn du aus Versehen welchen verschüttest.

Neben unverdünntem Buchbinderleim, den man bei einigen Bastelarbeiten zum Zusammenkleben von Pappe braucht, erfordern manche Anleitungen auch ungiftigen, transparenten Alleskleber. Nimm keinen Leim aus Epoxidharz.

TIP

Nimm möglichst verschiedenfarbige Papiere für jede Papiermachéschicht – so kannst du sehen, ob das Teil komplett mit einer Schicht beklebt ist, bevor du die nächste aufbringst und kannst unebene Stellen vermeiden.

Material

Wenn du die Hauptzutaten zusammen hast, brauchst du auch eine Grundausstattung an »Werkzeug«. Vermutlich hast du schon mehrere **Lineale** und **Bleistifte**. Plastiklineale sind prima zum Abmessen von Pappteilen, Übertragen von Maßen usw., aber wenn du gerade Linien schneiden mußt, solltest du ein Metallineal nehmen. Dein Plastiklineal bekommt Kerben, wenn du mit einem Cutter versehentlich hineinschneidest, was leicht passiert.

Um den Kleber anzurühren – egal ob Kleister oder Leim –, brauchst du eine **große Plastikschüssel**. Man sollte extra eine für Kleister reservieren und sie nicht mehr zum Geschirrspülen verwenden. Ein stabiler **Cutter** (mit abbrechbarer Klinge) eignet sich

hervorragend für das Schneiden von Pappe, besonders für die schweren Sorten. Du mußt aber sehr, sehr vorsichtig mit diesem Messer umgehen, da die Klinge äußerst scharf ist. Laß dir beim Schneiden immer von einem Erwachsenen helfen, um Unfälle möglichst zu verhüten.

Du brauchst **Vaseline**, um die Formen einzufetten, bevor du Papiermaché auftragen kannst. Die Vaseline trennt die Modellierform vom Papiermaché, so daß sich das Papiergebilde nach dem Trocknen ablösen läßt – wie ein Kuchen aus der Form.

Knetmasse eignet sich sehr gut für große, plastische Teile wie Handpuppenköpfe. Eine Modellierform für einen Puppenkopf erhältst du, wenn du ihn zuerst aus Knetmasse fertigst, um ihn dann mit mehreren Schichten Papiermaché zu bekleben. Laß alles gründlich trocknen, schneide es dann auf, und hole die Knetmasse heraus. Anschließend werden die Papiermachéformen wieder zusammengefügt.

Mit einem **Palettenmesser** mit dünner Klinge kann man getrocknetes Papiermaché von den Seitenwänden der Modellierformen lösen oder die Knetmasse aus dem Inneren von fertigen Teilen herausklauben.

Ein **Kuchengitter** ist ideal zum Trocknen kleinerer Teile, weil die Luft frei darum zirkulieren kann. Die Teile lassen sich mühelos abnehmen, wenn sie trocken sind.

Eine **Schere** braucht man zum Ausschneiden der Formen aus dünner Pappe. Die Papierstreifen sollten allerdings nicht geschnitten, sondern nur gerissen werden.

Die fertigen Bastelarbeiten werden mit **Plakafarbe** bemalt. Es gibt viele Farbnuancen, aber denk daran, eine ungiftige Farbe zu nehmen. Das gilt auch für die **schwarze Tusche**, die man zum Zeichnen der Musterumrisse braucht – achte bitte auch hier auf Ungiftigkeit.

Kreppband braucht man bei vielen Arbeiten, um verschiedene Pappteile während des Trocknens zusammenzuhalten. Du könntest das Kreppband abziehen, wenn der Leim getrocknet ist, aber dein Modell bekommt größere Festigkeit, wenn es an der Pappe

verbleibt und einfach mit Papiermaché bezogen wird.

Pappe braucht man als Grundform für verschiedene Bastelarbeiten. Zwei verschieden schwere Sorten werden verwendet: **schwere Wellpappe** für große Teile wie das Puppentheater, weil sich die Pappe verbiegt, wenn sie nicht stark genug ist; **dünnere Pappe** für Dinge wie den Weihnachtsschmuck, Ohrringe und Broschen. Leere Kartons aus dem Supermarkt, aus dem Elektrofachhandel usw. liefern ideale dicke Pappe, solange sie nur sauber sind und auch keine Knikke aufweisen.

Klarlack wurde zum Versiegeln der meisten Arbeiten in diesem Buch verwendet, weil er ihnen eine schöne, glänzende (oder auch mattglänzende) Oberfläche verleiht. Nimm eine ungiftige Marke. Im Fachgeschäft gibt es Speziallack für Papiermaché, der ganz ungefährlich ist. Wie bei all den Farben, Klebern und Tuschen für diese Arbeiten kann man dir in einem Schreibwarenladen oder einem Bastelbedarfsgeschäft sagen, welche Produkte dafür in Frage kommen. Falls du einen Lack nimmst, den man nur mit Terpentin aus den Pinseln waschen kann, bitte einen Erwachsenen um Hilfe, denn Terpentin kann gefährlich sein, wenn man allzu sorglos damit umgeht.

TIP

Verwende nur nichtgiftige Kleber und Farben. Bitte den Verkäufer um Rat, falls du Zweifel hast.

Techniken

Bevor du mit den Bastelarbeiten anfängst, lies dir alle Anleitungen genau durch und überlege, wieviel Zeit du dafür benötigst – viele müssen über Nacht trocknen, also planst du die Abläufe am besten voraus.

Papier zerreißen

Länge und Breite deiner Papierstreifen sind unterschiedlich, je nachdem, was du basteln willst. Stücke von bis zu 7,5 cm Breite kannst du nehmen, wenn du große, flache Teile beziehst, aber oft wirst du viel kleinere Stückchen brauchen, manche nicht größer als Briefmarken.

    Wenn du Papier zerreißt, denke daran, daß es eine Laufrichtung hat, ähnlich wie Stoff einen Fadenlauf. Es reißt in Laufrichtung am besten, die meist – wenn auch nicht immer – von oben nach unten verläuft. Schneide Papier für Papiermaché nie mit der Schere; dann bekommt es stumpfe, harte Kanten, die noch durchscheinen, wenn die Arbeit lackiert ist.

Reiß das Papier in Laufrichtung wie im oberen Bild. Du kannst im unteren Bild sehen, was passiert, wenn du es falsch machst!

TIP

Wasch dir die Hände, wenn du Zeitungspapier gerissen hast. Es löst sich unheimlich viel Druckerschwärze.

Kleben

Deine Papierstreifen sollten beidseitig mit Tapetenkleister oder verdünntem Buchbinderleim eingestrichen werden. Du kannst die Finger nehmen oder den Leim mit einem Pinsel auftragen, aber nimm nicht zu viel, sonst braucht es zu lange zum Trocknen.

TIP

Deck deine Arbeitsfläche oder den Tisch zum Schutz vor Leim- oder Farbklecksen mit alten Zeitungen ab. Am besten nimmst du eine Plastikplane, die du abwischen kannst, wenn du aufhörst.

Modellieren

Alle möglichen Gegenstände kann man als Modellierformen nehmen. Schüsseln, flache und tiefe Teller sind ideal. Fette die Form vorher immer mit Vaseline ein, sonst läßt sich die getrocknete Papierform nur schwer lösen. Pappe ist auch eine gute »Modellier-« oder Stützform –, aber man läßt sie im Innern des Papiermachés, um es zu verstärken. Mit mehreren Schichten Papier beklebt, gibt Pappe eine stabile Grundform ab.

Trocknen

Wie lange ein einzelnes Teil trocknen muß, hängt von seiner Größe und natürlich von der Anzahl der verwendeten Schichten aus Papiermaché ab. Normalerweise sind 24 Stunden für eine Pappform mit zwei bis drei Papierschichten ausreichend, aber ein Ballon mit acht Schichten Papiermaché braucht vielleicht bis zu drei Tage, um zu trocknen. Laß deine Arbeit an einem warmen, luftigen Ort trocknen.

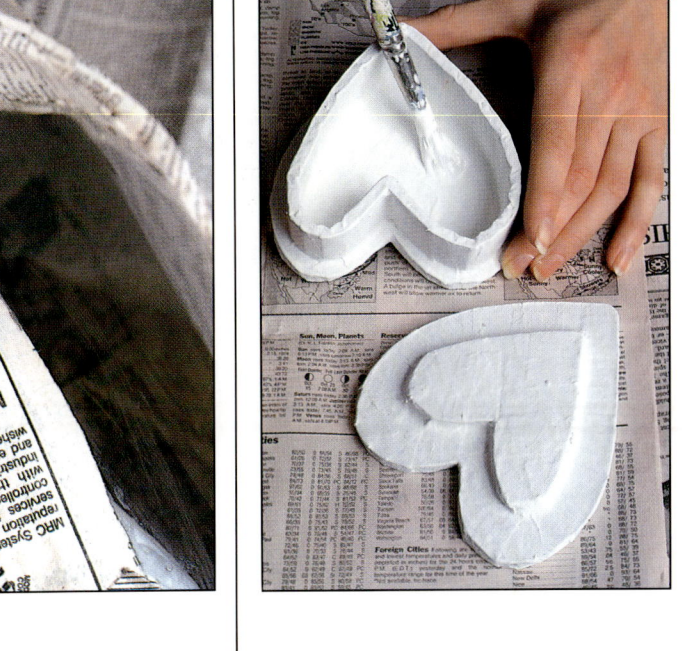

Glätten

Wenn dein Papiermaché trocken ist, solltest du es leicht mit feinem Sandpapier abreiben. Dadurch verschwinden Unebenheiten, und du bekommst eine glattere Fläche zum Bemalen.

Grundieren

Grundiere die Oberfläche deiner Papiermachéarbeit mit zwei Schichten weißer Farbe. Das überdeckt den Zeitungsdruck, liefert einen hellen Malgrund und läßt die Farben stärker leuchten. Du mußt die erste Schicht trocknen lassen, bevor du die zweite aufträgst, sonst können Risse in der Farbe auftreten. Falls das passieren sollte, laß die Farbe trocknen, schmirgele sie einfach wieder ab, und fang von vorn an. Verwende nur lösemittelfreie Farbe, z.B. Wandfarbe für Innenräume.

Bemalen

Wenn das Papiermaché grundiert ist, kannst du es mit Plakafarbe bemalen. Du mußt die Farbe mit Wasser verdünnen und brauchst deshalb wahrscheinlich zwei Schichten, um eine satte Farbe zu erzielen. Schwarze wasserfeste Tusche kann man nehmen, um die Konturen hervorzuheben. Trage sie mit einem dünnen Pinsel auf, und nimm eine nichtgiftige Marke.

TELLER & SCHALE

Diese beiden Bastelarbeiten führen in die Grundtechniken der Papiermachéherstellung ein. Bei der ersten, einem Teller, geht es um ganz einfaches Kaschieren einer gefetteten Form, während das zweite Objekt, eine Schale, die Verwendung zweier Modellierformen erfordert.

Die Tellerform wird ganz schlicht belassen, und wenn die Ränder mit Papierstreifen versiegelt sind, damit sie nicht »ausfransen«, wird der Teller bemalt und lackiert. Die Außenseite der Schale wird mit kleinen Klümpchen von Papiermaché verziert, während man Rand, Mitte und Fuß mit Kordel einfaßt, damit sie stabiler aussieht.

Die Formen sind einfache Haushaltsgegenstände – Schalen und Teller –, die man in jeder Küche findet. Sie sind sehr schlicht, aber nimm dir ein bißchen Zeit, und überlege dir Kombinationen von Modellierformen, die gut zusammen aussehen und zu interessanten, originellen Ergebnissen führen.

Du könntest sogar Fisch- und andere Tierformen oder herzförmige Kuchenformen nehmen, aber bitte lieber um Erlaubnis, bevor du dich in der Küche bedienst!

Teller

Dies ist eine sehr einfache Arbeit, um die Grundtechnik von Papiermaché einzuüben. Es handelt sich um die Kaschiermethode, bei der man Papierstreifen übereinanderklebt, um eine starke Papierschale zu erhalten.

Der Teller wird in kunterbunten, heiteren Farben bemalt und mit zwei Schichten glänzenden Klarlacks versiegelt. Obwohl du keine nassen Sachen darauflegen solltest, eignet sich der Teller für Kekse, Nüsse o.ä., oder man kann ihn zur Dekoration an die Wand hängen. Du könntest mehrere davon herstellen und sie passend zur Kinderzimmer- oder Kücheneinrichtung anmalen.

DAS BRAUCHST DU

Plastikteller • Vaseline • Papier • Kleister oder verdünnten Buchbinderleim • stumpfes Messer oder Palettenmesser • Schere • feines Sandpapier • Plakafarben • schwarze Tusche • Klarlack

Anleitung für den Teller

1 Fette den Teller, den du verwendest, dünn mit Vaseline ein. Wenn sie getrocknet ist, läßt sich die fertige Teller-Papierform leichter lösen. Reiß das Papier in etwa 2,5 cm breite Streifen, die so lang sind wie der Tellerdurchmesser plus je 2,5 cm an jeder Seite, die über den Rand hängen.

2 Streiche den ersten Papierstreifen mit Tapetenkleister oder wasserverdünntem Buchbinderleim ein, leg ihn auf die Grundform, und streiche dabei etwaige Falten oder Luftblasen aus. Klebe so weiter eingekleisterte Papierstreifen über den Teller, und laß dabei die Ränder der Nachbarstreifen etwas überlappen.

3 Wenn du die Form vollkommen mit der ersten Schicht aus eingekleistertem Papier kaschiert hast, leg eine zweite Schicht von Streifen quer zur ersten über den Teller. So wird das Papiermaché gut und stabil. Fahre so fort, den Teller mit Schichten von gekleistertem Papier zu kaschieren, bis du insgesamt acht Schichten aufgebracht hast. Dann laß den Teller mindestens 48 Stunden lang an einem warmen Ort trocknen.

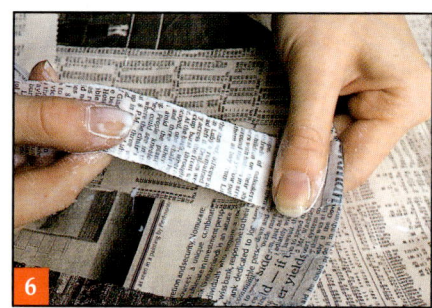

4 Wenn das Papiermaché trocken ist, lege die Klinge eines stumpfen Messers oder eines Palettenmessers zwischen Papiergebilde und Form, und löse es vorsichtig ab. Da du den unteren Teller mit Vaseline eingefettet hast, sollte das Papier leicht abgehen. Deine Papierform ist von unten vermutlich ein bißchen feucht, also laß sie an einem warmen Ort noch ein paar Stunden trocknen.

5 Wenn das Papiermaché trocken ist, nimm eine Schere, um den Rand sauber auf 0,5 cm zurückzuschneiden.

6 Der abgeschnittene Rand muß versiegelt werden. Nimm einen Papierstreifen von etwa 2,5 cm Breite, streiche ihn mit Kleister oder Leim ein, und lege ihn sorgfältig um den Rand. Reiß ihn an der Rückseite ab. Wiederhole dieses Verfahren, bis du die Kante des Tellers rundum versiegelt hast. Laß den Teller über Nacht auf einem Kuchengitter trocknen.

7 Reibe die Oberfläche des trockenen Tellers vorsichtig mit feinem Sandpapier ab, und achte dabei besonders auf den versiegelten Rand, der vielleicht ein bißchen klumpig ist. Wenn der Teller glatt ist, grundiere ihn mit zwei Schichten weißer Farbe. Laß die erste trocknen, bevor du die zweite aufträgst. Auch die zweite Schicht muß etwa eine Stunde lang trocknen.

TIP

Trockne Papiermachéobjekte nie in der prallen Sonne – es würden Wellen entstehen.

8 Zeichne mit Bleistift ein Muster auf den Teller, und male es farbig aus. Du brauchst wahrscheinlich zwei Farbschichten, um einen satten Farbton zu bekommen. Vergiß nicht, den Teller auch von hinten zu bemalen.

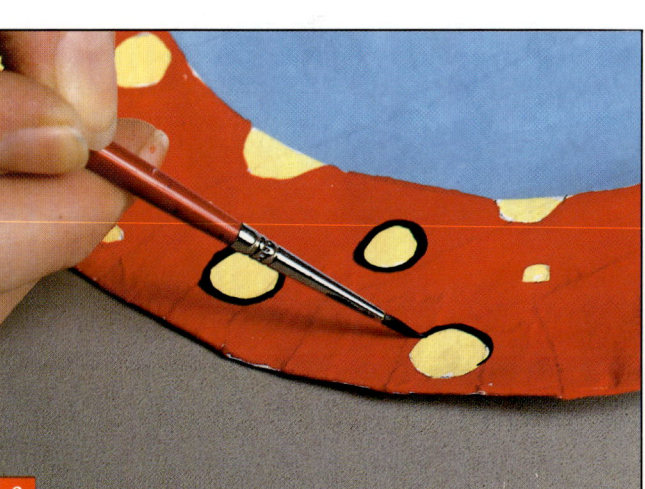

9 Laß den bemalten Teller vier Stunden trocknen, und ziehe dann die Konturen deines Musters mit schwarzer Tusche nach. Laß den Teller über Nacht trocknen.

10 Lackiere den fertigen Teller zweimal mit Klarlack. Eventuell mußt du das Vorderteil mit Lack überziehen und trocknen lassen, bevor die Rückseite lackiert wird. Laß die erste Lackschicht auf beiden Seiten des Tellers trocknen, bevor du die zweite aufträgst. Denke daran, den Lackpinsel mit Seife und Wasser zu reinigen, wenn du fertig bist.

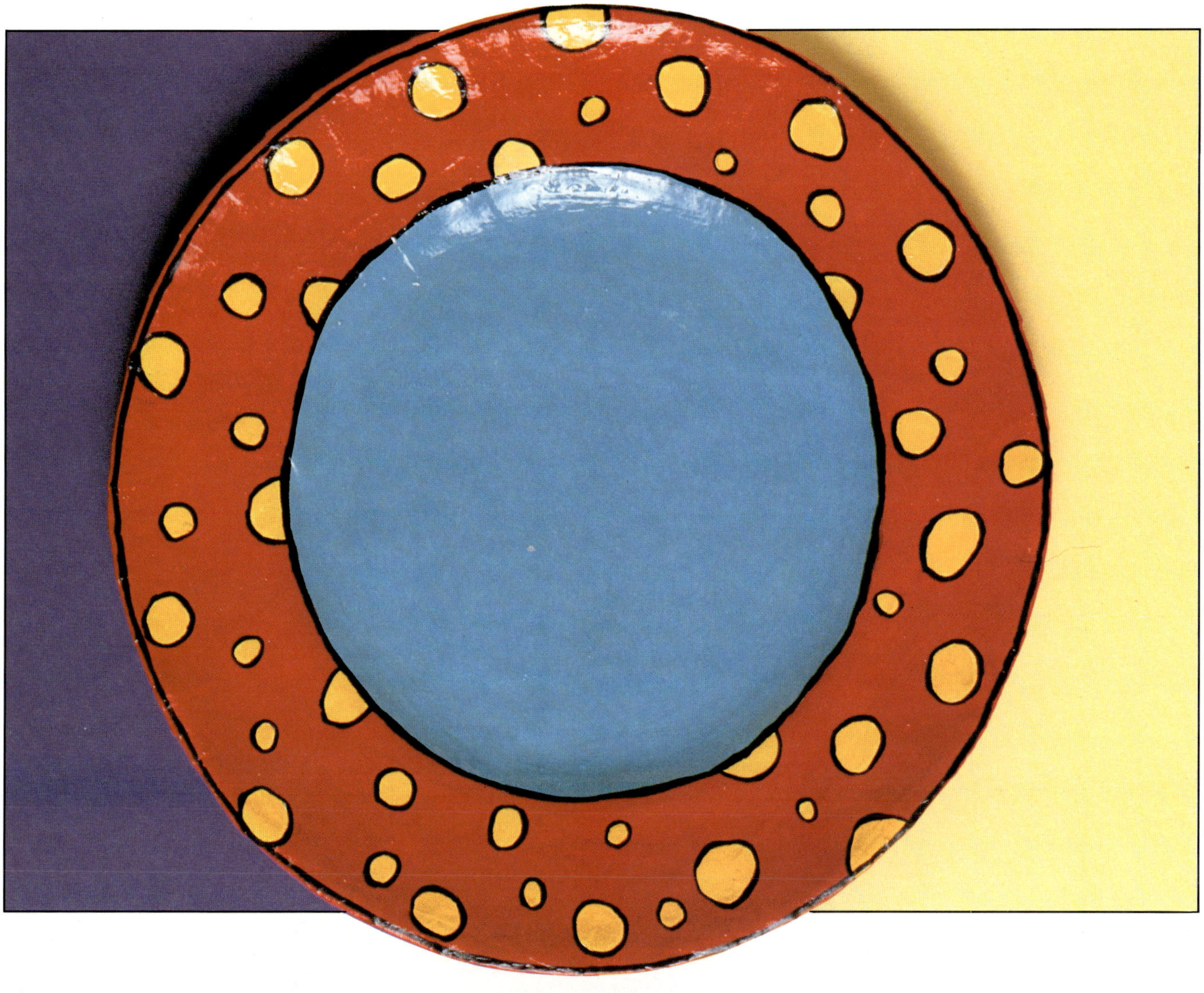

Schale mit Fuß

Für diese Schale braucht man verschiedene Papiermachétechniken. Sie besteht aus zwei einzelnen Teilen, die man zusammenfügen muß. Der Hauptteil der Schüssel entsteht durch dünne Schichten von Papierstreifen in einer gefetteten Modellierform.

Für den Fuß, auf dem die Schale stehen soll, wird eine kleinere Schüssel kaschiert. Schale und Fuß werden mit Streifen aus Papiermaché zusammengefügt und die Kanten so mit Kordel eingefaßt und miteinander verbunden, daß ein Wulst entsteht.

Der Hauptteil der Schale im Bild wird in einer Plastikschüssel von etwa 20 cm modelliert und der Fuß in einer geradwandigen Margarineschale. Egal welche Schalen du dafür auswählst, achte darauf, daß sie miteinander harmonieren, und setze sie probeweise aufeinander.

Die Schale wird mit kleinen Papierbreikügelchen verziert, die in regelmäßigen Abständen angebracht und in leuchtenden Farben bemalt werden. Mit Papierbrei lassen sich Papiermachéobjekte sehr effektvoll verzieren und im Handumdrehen komplette Ornamente herstellen, so daß aus ziemlich einfachen Formen interessante Kunstwerke werden.

Die Schale kann man für verschiedene trockene Sachen benutzen, zum Beispiel für Obst. Wähle solche Sorten, die gut zu den Farben der Schale passen! Bewahre aber nichts Nasses darin auf – die Schale ist nicht wasserfest, und du verdirbst vielleicht die Lackoberfläche.

Anleitung für die Schale

1 Fette das Innere der Modellierformen mit etwas Vaseline ein, damit die Papiermachéformen sich im trockenen Zustand leichter herauslösen lassen. Reiß Papier in Streifen von etwa 2,5–4 cm Breite und lang genug, daß sie von einer Seite der Schüssel zur anderen reichen, plus je etwa 2,5 cm für die Enden. Beginne damit, dein eingekleistertes Papier in die Schüssel zu kleben. Achte darauf, daß die Streifen glatt an den Wänden liegen. Beklebe die Schale weiter mit Papier, und bedecke die Kante des Streifens, den du gerade geklebt hast, mit dem nächsten Streifen. Du mußt die Streifen vielleicht fächerförmig anordnen, damit sich keine Falten bilden.

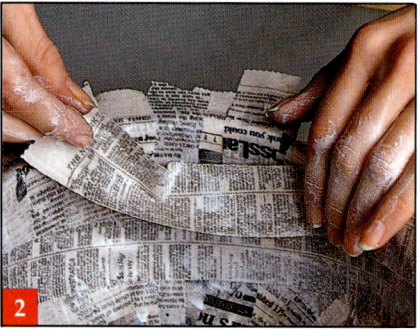

2 Wenn du die erste Papierschicht aufgeklebt hast, fängst du mit der zweiten an und legst die Streifen quer zur ersten Schicht, damit die Schale schön stabil wird. Bringe insgesamt acht Schichten auf. 48 Stunden an einem warmen Ort trocknen lassen!

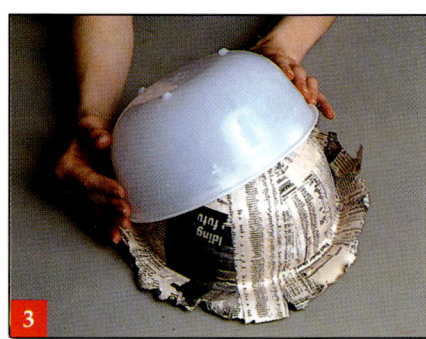

3 Wenn sich die Oberfläche trocken anfühlt, laß die Klinge eines Palettenmessers behutsam zwischen Papier und Modellierform gleiten, und löse das Papiermaché heraus. Stülpe die Form um, und laß sie von unten noch ein paar Stunden lang trocknen.

4 Die Kanten deiner Papierformen müssen versiegelt werden, damit sie in Form bleiben. Schneide das überstehende Papier mit der Schere auf 0,5 cm Rand zurück.

5 Dann nimm etwa 2,5 cm breite eingekleisterte Papierstreifen, und faß damit die Schnittkante so ein, daß das Papier sich überlappt. Reiß jeweils das überschüssige Ende ab, wenn du zur Rückseite der Schüssel kommst. Eine Schicht Streifen reicht zum Einfassen.

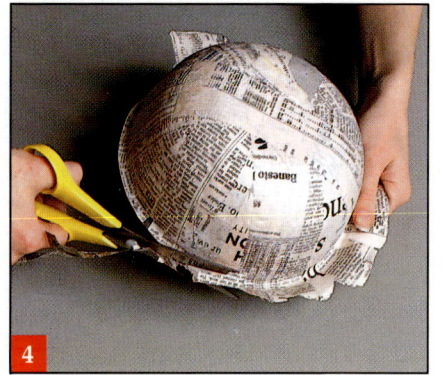

6 Laß die eingefaßten Kanten trocknen, und lege dann die Kordel um die Außenkanten der Schüssel. Schiebe sie direkt bis unter den breiten Rand der Schale. Befestige die Enden der Kordel mit Kreppband, und klebe die Kordel an mehreren Stellen fest. Dann wird die Kordel mit Papierstreifen bezogen, genau wie beim Versiegeln der Schnittkanten. Bedecke aber die Kordel mit *drei* Schichten Papiermaché, und laß die Schale 24 Stunden lang trocknen.

Anleitung für den Fuß

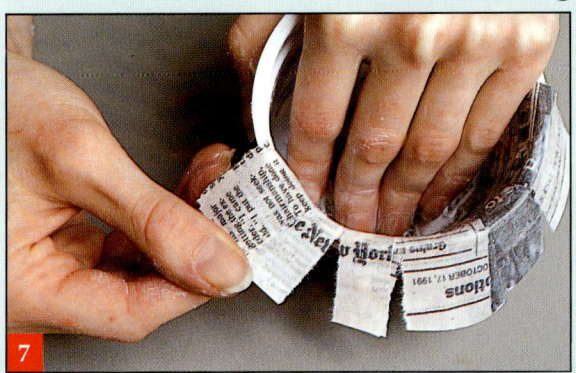

7 Fette das Innere des Fußes ein, und lege die Form mit Papierstreifen aus. Lege jede der acht Schichten in verschiedenen Winkeln zueinander, und laß sie 48 Stunden lang austrocknen, bevor du das Papierteil aus der Modellierform löst.

8 Stutze und versiegle den Rand wie in Schritt 4 beschrieben. Laß ihn trocknen, und wickle dann die Kordel um den Rand (siehe Schritt 6). Sichere den Rand mit Kreppband, und versiegle ihn mit drei Schichten Papiermaché. Laß alles 24 Stunden lang trocknen!

Fuß und Schale zusammenfügen

9 Jetzt bestreiche den oberen Rand des Fußes mit etwas unverdünntem Buchbinderleim, und drücke ihn fest von unten gegen die Schale. Klebe die beiden Teile mit Kreppband zusammen, und laß den Leim ein paar Stunden trocknen. Lege ein Stück Kordel um die Verbindungskante (a). Mit Kreppband fixieren und mit drei Schichten Papiermaché bedecken (b). 24 Stunden Trockenzeit.

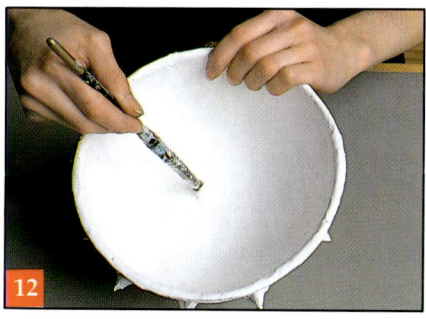

10 Wenn die Schale ganz trocken ist, kannst du sie mit Papierbrei verzieren, wenn du möchtest. Für die »Noppen« solltest du einen etwa 2,5 cm breiten und 20 cm langen Papierstreifen nehmen. Kleistere ihn ein, und quetsche ihn zu einem Kügelchen zusammen.

11 Dann drücke beliebig viele Kügelchen einfach auf der Außenseite der Schale fest. Wenn die »Noppen« sich glatt anfühlen sollen, beziehe sie mit sehr kurzen schmalen Papierstreifen, etwa 0,5 cm breit und 4 cm lang. Laß deine Schale 24 Stunden lang trocknen.

12 Wenn die Schale trocken ist, schmirgele sie mit feinem Sandpapier, und bemale sie mit zwei Schichten weißer Farbe, wobei die erste Schicht gründlich trocknen muß, bevor die nächste aufgetragen wird.

13 Bemale die Kordelränder in Farben, die mit der der Schale kontrastieren – wahrscheinlich brauchst du zwei Farbaufträge, um die weiße Farbe vollkommen zu überdecken – dann male die »Noppen« in Farben an, die dir gefallen.

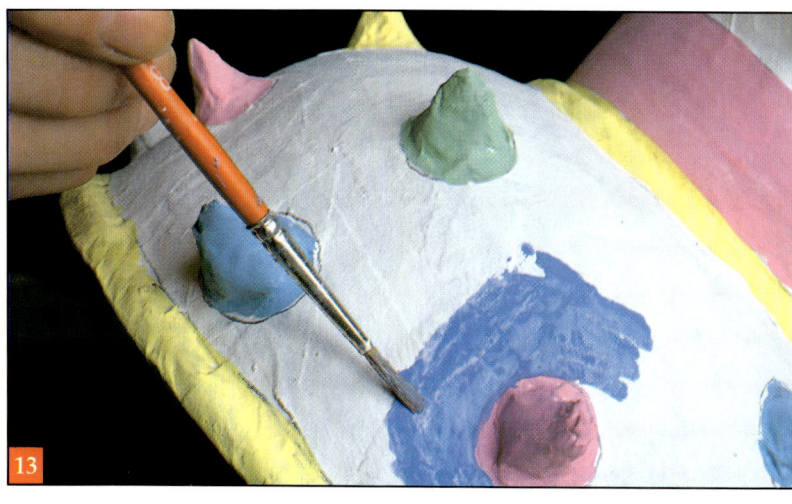

14 Laß die Farbe rund vier Stunden trocknen, und ziehe mit einem feinen Pinsel kontrastierende schwarze Tuschelinien auf deine Schale. Laß die Schale 24 Stunden trocknen.

15 Überziehe deine Schale mit zwei Schichten glänzenden Klarlacks, und laß die erste Schicht gründlich trocknen, bevor du die zweite aufträgst. Vergiß nicht, deinen Lackpinsel mit Wasser und Seife auszuwaschen, wenn du fertig bist.

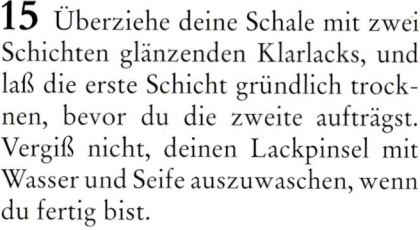

MODESCHMUCK

Papiermaché eignet sich zur Herstellung von Modeschmuck – für kleine, zierliche Broschen und Ohrringe, aber auch für Halsketten und Armreifen. Fertige dir eine ganze Kollektion davon an, und trage sie nach Lust und Laune! Für alle hier gezeigten Artikel brauchst du die grundlegenden Papiermachétechniken. Auch aus der Kombination verschiedener Methoden können tolle Sachen entstehen. Schmuck aus Papiermaché ist ein hübsches Geschenk zum Geburtstag, für Weihnachten, zum Muttertag oder für besondere Anlässe. Deine Familie und Freunde werden begeistert sein, etwas zu bekommen, was du speziell für sie gebastelt hast. Natürlich kannst du auch Schmuck mit einer ganz persönlichen Note anfertigen. Du könntest deinen Namen oder einen besonderen Spruch auf eine Brosche schreiben oder Armreifen und Halsketten passend zu deiner Kleidung oder Kostümierung dekorieren. Die Möglichkeiten sind unbegrenzt .
Viel Spaß beim Ausprobieren!
Du brauchst auch Verschlüsse für deinen Schmuck, und zwar Anstecknadeln, Ohrclips, Kettenverschlüsse usw. Sie sind nicht teuer, und man kann sie in Bastel- und Hobby- oder auch Schmuckläden kaufen. Wenn du Ohrstecker basteln möchtest und allergisch auf Metall reagierst, müßtest du Silber- oder Goldhaken kaufen, obwohl die natürlich teurer sind.

Ohrringe

Diese farbenfrohen Blumenohrringe sehen sehr attraktiv aus, und ihr Muster paßt zu der Margeritenkette, die später in diesem Kapitel beschrieben wird. Du kannst also ein Set basteln und alle Teile mit dem gleichen Muster bemalen. Diese Ohrringe sind trotz ihrer Größe ziemlich leicht, sie dürfen sogar noch größer und länger werden, ohne daß sie dir schwer von den Ohren hängen. Als weitere Motive kämen zum Beispiel Herzen, Sterne und Fische in Frage. Du könntest gleich mehrere Paare basteln, wenn du die Grundtechnik beherrschst. Die Ohrringe werden mit Clipverschlüssen versehen, die mit Alleskleber auf der Rückseite der gelben Scheibe befestigt werden.

OHRRINGSCHABLONEN *(dünne Pappe)*

Anleitung für die Ohrringe

1 Pause die Ohrringformen von dem obigen Muster ab, und übertrage sie auf dünne Pappe.

2 Schneide mit einem Cutter oder einer Schere die Schablonen aus. **Bitte einen Erwachsenen um Hilfe, wenn du einen Cutter nimmst, da die Klinge sehr scharf ist.** Bestreiche deine ausgeschnittenen Teile mit einer Schicht verdünnten Buchbinderleims. Lege sie auf ein Kuchengitter, und laß sie vier Stunden trocknen.

DAS BRAUCHST DU

Pauspapier • dünne Pappe, etwa 10 cm × 10 cm • Cutter oder Schere • Kleister oder verdünnten Buchbinderleim • Papier • feines Sandpapier • Plakafarben • schwarze Tusche • Klarlack • Stopfnadel • Buchbinderleim (unverdünnt) • 2 Paar Ohrringhaken und -ösen • transparenten Alleskleber • ein Paar Clipverschlüsse • Silberdrahtzange

---

TIP

Messer, besonders Cutter, können gefährlich sein. Halte das, was du schneidest, immer sehr vorsichtig fest, und schneide von dir weg. Oder noch besser: Bitte einen Erwachsenen um Hilfe.

3 Beklebe die Ohrringformen mit drei Schichten aus eingekleisterten, schmalen Papierstreifen (1 cm × 5 cm). Arbeite vorsichtig um jedes einzelne Blütenblatt herum, damit es nicht zu unregelmäßig, sondern schön glatt wird. Laß die Papierschichten mindestens 24 Stunden auf einem Kuchengitter trocknen.

4 Wenn die Formen trocken sind, reibe sie leicht mit feinem Sandpapier glatt, und grundiere sie zweimal mit weißer Farbe. Male den Mittelpunkt der Margerite auf die Blumenformen. Die Konturen der Blütenblätter und Spiralen werden später freihändig mit schwarzer Tusche über die Plakafarbe gemalt.

5 Jetzt male die Blume farbig aus. Die Blütenblätter sind hier hellblau; nach dem Trocknen dieser Schicht wurden sie violett übermalt, wobei das Hellblau stellenweise durchschien. Die Scheiben wurden zweimal mit gelber Farbe bemalt. Wenn du alle Teile angemalt hast, laß sie vier Stunden lang trocknen.

6 Dann male mit einem feinen Pinsel vorsichtig die schwarzen Konturen und die Spiralen auf. Laß die Ohrringe über Nacht trocknen, dann lackiere die Vorderseiten. Lege die Teile (mit der lackierten Fläche nach oben!) zum Trocknen auf ein Kuchengitter. Lakkiere die Rückseiten, und laß sie ebenfalls trocknen. Wiederhole dies so oft, bis Vorder- und Rückseiten je zwei Lackschichten haben.

7 Wenn die zweite Lackschicht getrocknet ist, bohre mit einer Stopfnadel ein Loch in die Spitze eines Blütenblatts und von unten in den Rand der Scheibe, tupfe etwas unverdünnten Buchbinderleim in die Löcher. Stecke je einen Ohrringhaken in das Loch in jeder Blume und eine Öse in jede Scheibe.

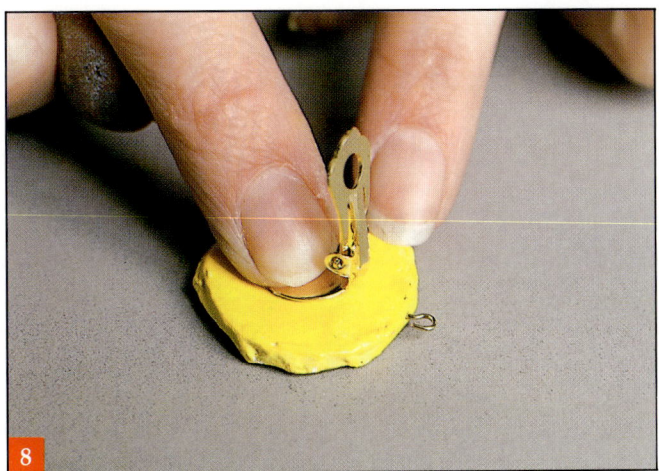

8 Fixiere die beiden Ohrclipverschlüsse mit je einem Tropfen Alleskleber auf den Rückseiten der Scheiben. Drücke sie fest zusammen, und laß alles über Nacht trocknen.

9 Hake Scheibe und Blume ineinander, und verschließe die Öffnung mit einer Silberdrahtzange. Jetzt kannst du dich mit deinen neuen Ohrringen schmücken.

Armreifen

Armreifen kannst du je nach Geschmack schlicht oder aufwendig gestalten. Du kannst sie für besondere Anlässe anfertigen und verzieren oder als bunte, heitere Accessoires für jeden Tag tragen. Hier sind zwei einfache Anleitungen, die sich für verschiedene Zwecke abwandeln lassen. Vielleicht gefällt dir ein einfacher Kreis, den du mit lebhaften Mustern bunt bemalst, oder du bist eher für einen eleganteren, schlicht verzierten Armreifen.

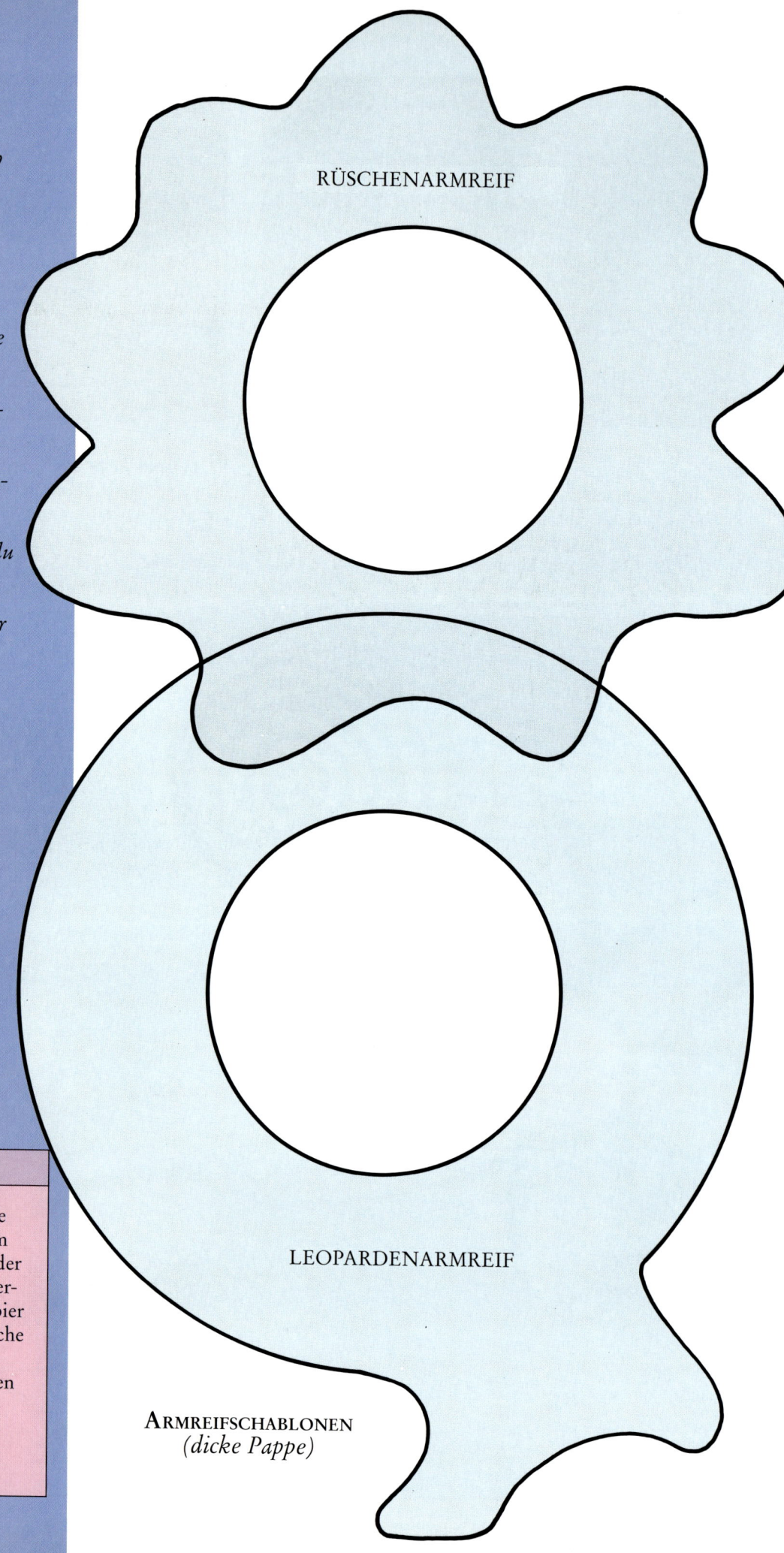

RÜSCHENARMREIF

LEOPARDENARMREIF

ARMREIFSCHABLONEN
(dicke Pappe)

DAS BRAUCHST DU

Pauspapier • dicke Pappe, je Armreif ein Stück von 20 cm × 20 cm • Cutter • Kleister oder wasserverdünnten Buchbinderleim • Papier • feines Sandpapier • Plakafarben • schwarze Tusche • Klarlack • transparenten Alleskleber • kleine Stückchen bunter Bonbonfolie o.ä.

Du kannst deinen Armreif einfarbig bemalen und mit glitzernden Glasperlen elegant verzieren. Du könntest auch kleine Scherben von Spiegelkacheln verwenden, sei aber vorsichtig, daß du dich an den scharfen Kanten nicht verletzt! Aus Papierbrei kann man zusätzliche Verzierungen anfertigen und schlichte Formen damit aufpeppen.

Bedenke, daß du auch einen Armreif nach Art der Margeritenkette (siehe Seite 30) herstellen kannst. Allerdings brauchst du dafür kleinere Knetgummiformen, damit die Größe der Perlen zu deiner Hand paßt.

Anleitung für die Armreifen

1 Pause die von dir gewünschte Form von den abgebildeten Schablonen ab, und übertrage sie auf Pappe. Schneide sie mit einem Cutter aus, und mach in die Mitte ein Loch für die Hand. Bitte einen Erwachsenen, dir dabei zu helfen. Beim Rüschenreif mußt du ganz genau um das Muster herumschneiden, damit du eine schöne glatte Kante bekommst. Bestreiche die Form mit einer Schicht wasserverdünnten Buchbinderleims, und laß sie vier Stunden lang auf einem Kuchengitter trocknen.

2 Wenn die Pappform trocken ist, beklebe sie mit drei Schichten eingekleisterten Papiers. Da es schwieriger ist, eine runde als eine gerade Fläche zu bekleben, mußt du beim Überlappen genau darauf achten, daß das Papier glatt liegt, besonders um die Innenkante des Reifens herum. Nimm dir Zeit und verwende kleine, schmale Papierstückchen. Wenn du mit dem Bekleben fertig bist, laß den Armreif 24 Stunden auf einem Kuchengitter trocknen.

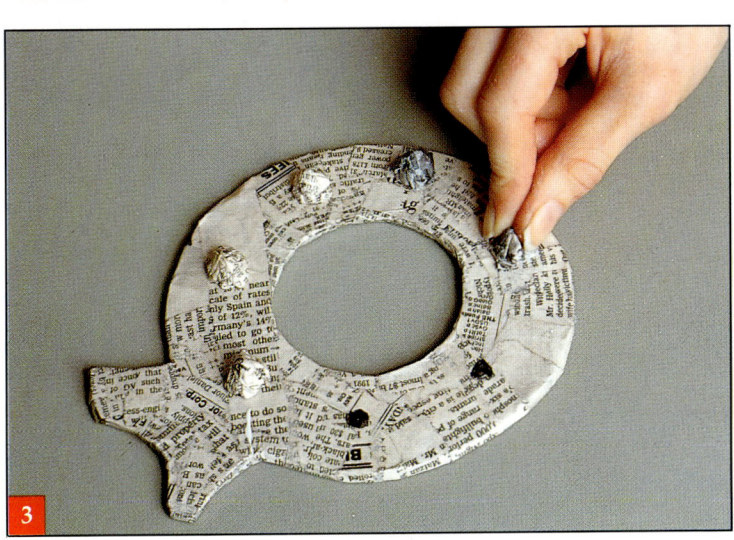

3 Reibe die Oberfläche des Reifens vorsichtig mit feinem Sandpapier glatt. Jetzt kannst du eventuell Verzierungen aus Papierbrei anbringen. Für die Flecken auf dem Leopardenarmreif markiere in gleichmäßigen Abständen sechs Kreise. Nimm einen Papierstreifen (5 cm breit und etwa 12 cm lang) kleistere ihn auf beiden Seiten ein, und rolle daraus ein kleines Kügelchen zwischen den Fingern. Drükke es auf einen der Kreise, und wiederhole dies so oft, bis alle Kreise bedeckt sind. Laß das Schmuckstück mindestens 24 Stunden auf einem Kuchengitter trocknen.

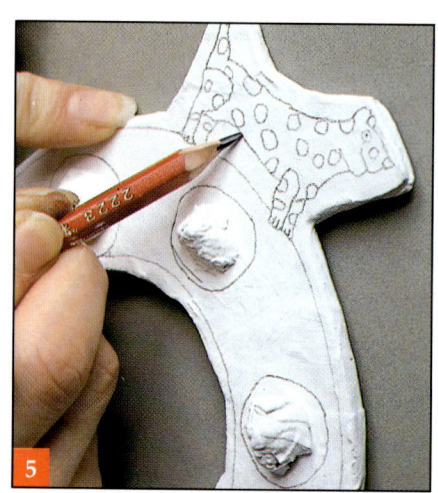

4 Wenn der Armreif trocken ist, reibe ihn mit Sandpapier glatt, und trage zwei Schichten weißer Farbe auf, wobei die erste zuerst trocknen sollte. Die Grundformen kann man auf vielerlei Art verzieren.

5 Zeichne das Muster auf, und bemale den Armreif.

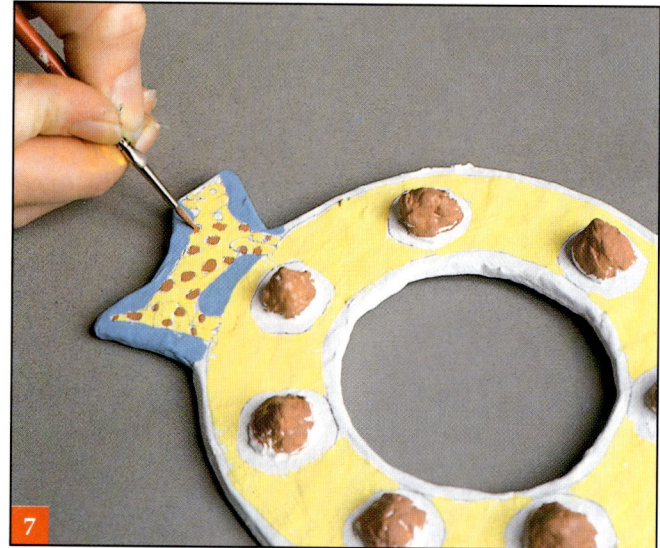

6 Der Armreif wird gelb und dunkelbraun in den Farben des Leoparden bemalt.

7 Trage eine zweite Farbschicht auf, damit die weiße Grundierung nicht durchscheint.

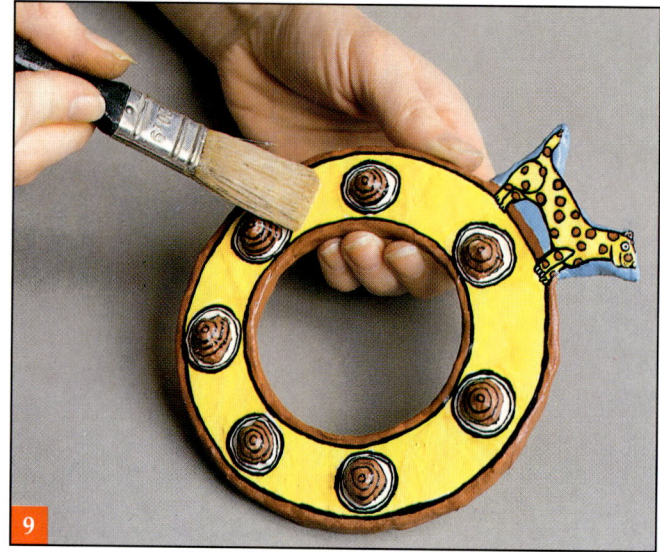

8 Füge die Details hinzu, und ziehe dann mit einem feinen Pinsel die Konturen mit Tusche nach.

9 Laß den Armreif 24 Stunden trocknen; dann lackiere ihn zweimal mit Klarlack.

Rüschenarmreif

10 Unser Rüschenarmreif ist einfarbig bemalt. Als die Farbe trocken war, haben wir ihn mit glänzendem Klarlack überzogen und trocknen lassen. Um die Verzierungen wie auf dem Foto anzubringen, bestreiche jedes »Blütenblatt« mit Leim, und klebe aus bunter Bonbonfolie ein interessantes Muster darauf. Wenn der Kleber getrocknet ist, verziere die Unterseite des Armreifs genauso. Trage eine letzte Schicht glänzenden Klarlacks auf, und laß den Reifen 24 Stunden trocknen, bevor du ihn trägst.

Halskette

Aus Papiermaché läßt sich toller Modeschmuck basteln. Da das Material so leicht ist, kannst du theoretisch riesengroße Stücke tragen.

Diese Halskette wurde mit leuchtendbunten, heiteren Farben bemalt, doch natürlich kannst du für die Perlen auch dezentere Farben wählen, damit sie eleganter wirken. Eine Kette ausschließlich aus Papiermachéperlen sieht sehr attraktiv aus, aber du könntest sie auch abwechselnd mit Holz-, Keramik- oder Glasperlen aufziehen.

Als zusätzlichen Blickfang bekam unsere Halskette den Margeritenanhänger. Du kannst aber auch jedes beliebige andere Motiv dafür nehmen.

DAS BRAUCHST DU

500 g Modelliermasse • Papier • Kleister oder wasserverdünnten Buchbinderleim • Pauspapier • dünne Pappe, 10 cm × 10 cm groß • Schere • Cutter • Palettenmesser • unverdünnten Buchbinderleim • Kreppband • feines Sandpapier • Plakafarben • schwarze Tusche • Klarlack • Stopfnadel • Metallöse von 0,5 cm Durchmesser • schwarzen Gummifaden, 70 cm lang • Zwischenperlen (falls erwünscht)

HALSKETTENSCHABLONE *(dünne Pappe)*

TIP

Wenn du mit Knetmasse arbeitest, rolle sie ein paar Minuten zwischen den Händen, bis sie weich genug zum Modellieren ist. An sehr warmen Tagen, wenn das Knetgummi zu weich ist, solltest du es eine Stunde lang in den Kühlschrank legen, bis es hart genug ist.

Anleitung für die Halskette

1 Rolle kleine Knetgummistückchen zu Kugeln, die allmählich größer werden sollten, und zwar von 2,5 bis zu 4 cm Durchmesser. Reiß kleine, dünne Papierstreifen, etwa 1 cm × 5 cm, kleistere sie ein, und beklebe die Kugeln damit. Achte darauf, daß sich die Kanten sauber überlappen.

2 Wenn du jede Kugel mit je fünf Schichten beklebt hast, rolle sie gefühlvoll zwischen den Händen, um die Kanten zu glätten. Laß die Perlen 48 Stunden lang auf einem Kuchengitter trocknen.

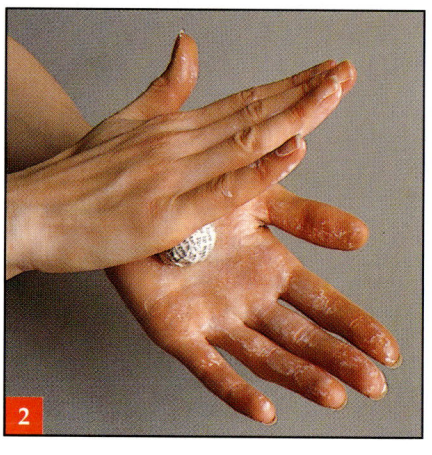

3 Übertrage inzwischen das Blumenmotiv aus dem Buch auf dünne Pappe. Schneide die Blumenform mit der Schere aus, und grundiere sie mit nur einer Schicht wasserverdünnten Buchbinderleims, damit sie sich nicht wellt. Laß sie mindestens zwei Stunden trocknen, dann beklebe sie mit drei Schichten Papiermaché aus kleinen schmalen Papierstreifen, die um die Blütenblätter herumgelegt werden. Laß die Blüte 24 Stunden auf einem Kuchengitter trocknen.

4 Wenn die Perlen trocken genug sind, halbiere sie vorsichtig mit einem Cutter. **Bitte einen Erwachsenen dabei um Hilfe.** Laß die geöffneten Perlen etwa eine Stunde liegen, bevor du die Knetmasse herausnimmst. So können die Schnittkanten etwas härter werden, und das Papiermaché reißt nicht so leicht, wenn du die Masse herausholst.

5 Löse die Knetmasse mit der Klinge eines Palettenmessers vorsichtig aus den Papierformen. Laß die leeren Hüllen zwölf Stunden trocknen.

6 Wenn sie trocken sind, bestreiche die Schnittkanten jeder Perle dünn mit unverdünntem Buchbinderleim, und füge die Hälften wieder zusammen. Fixiere die Nahtlinien mit kleinen Stückchen Kreppband. Laß den Leim antrocknen, und versiegele dann – ohne das Kreppband zu entfernen – die Perlen mit kleinen, dünnen Stückchen Papiermaché. Eine Schicht über den Nahtlinien reicht aus. Laß die Perlen einen ganzen Tag trocknen.

7 Wenn die Perlen und das Blumenmotiv trocken sind, glätte die Oberfläche mit feinem Sandpapier. Lackiere alle Teile mit zwei Schichten weißer Farbe, und laß jede Schicht gründlich trocknen, bevor du die nächste aufträgst.

8 Jetzt kannst du deine Kette verzieren. Wie aufwendig du sie gestalten willst, bleibt dir überlassen. Unsere Kette haben wir schlicht in knalligen, heiteren Farben bemalt. Zuerst bekam jede Perle eine relativ helle Farbschicht, nach dem Trocknen wurde sie zum zweiten Mal bemalt. Du kannst einen dunkleren Farbton als beim ersten Mal nehmen oder eine beliebige andere Farbe, die damit harmoniert. Bei uns schimmert an einigen Stellen die erste Farbschicht durch, was einen hübschen gesprenkelten Effekt auf der Perle ergibt.

9 Die Blume ist zweifarbig bemalt; sie soll die Farben der Perlen aufnehmen. Wieder wurden die Blumenblätter in zwei Nuancen derselben Farbe bemalt, so daß der hellere Ton von unten durchscheint. Das wirkt lebhafter als eine unifarbene Bemalung, obwohl du vielleicht nur einen Rosaton bevorzugst. Egal, wofür du dich entscheidest: Laß jede Schicht erst gründlich trocknen, bevor du die zweite aufträgst.

10 Wenn die Farben trocken sind, kannst du schwarze Tuschelinien hinzufügen. Tuschespiralen wurden auf die Perlen gemalt, um ihre Form zu betonen. Wahrscheinlich mußt du erst eine Hälfte der Perle bemalen und die Tusche ein paar Minuten trocknen lassen, bevor du den unteren Teil bemalst, damit nichts verwischt. Bei der Margerite werden die Umrisse der Blütenblätter nachgezogen. Laß die Farbe 24 Stunden trocknen.

11 Lackiere jedes Teil deiner Halskette zweimal mit glänzendem Klarlack; laß dabei die erste Schicht jeweils trocknen, bevor du die zweite aufträgst. Wie bei der Plakafarbe ist es vielleicht am besten, die Perlen von einer Seite trocknen zu lassen, bevor du die andere Hälfte lackierst, damit sie nicht an der Arbeitsfläche festkleben.

12 Nimm vor dem Auffädeln der Perlen eine Stopfnadel, um ein Loch in den oberen Rand der Magerite zu bohren. Setze einen Tupfer Buchbinderleim in das Loch, und bohre die Metallöse behutsam hinein. Fädel den Gummifaden in die Stopfnadel, und mach einen Knoten ans Ende. Beim nächsten Schritt brauchst du vielleicht die Hilfe eines Erwachsenen. Nimm eine Papiermachéperle, und stich die Nadel mittig durch die Perle.

13 Ziehe den Gummifaden durch die Papiermachéperle. Nimm dann eventuell zwei Zwischenperlen, gefolgt von einer weiteren Perle aus Papiermaché. Wenn du die Hälfte der Papiermachéperlen aufgefädelt hast, nimm die Margerite dazu, hänge sie mit der Metallöse an den Gummifaden, und ziehe dann die restlichen Perlen auf. Schneide das Gummi nach der letzten Perle mit 5 cm Zugabe ab. Verknote die beiden Enden des Gummifadens ganz fest – und deine Kette ist fertig.

Brosche

Dieses flatternde Hühnchen ist eine einfache, aber tolle Brosche, die mit ihren prächtigen Farben deine Jacke oder deinen Pullover aufpeppt.

Die Broschenform wird aus dicker Pappe ausgeschnitten und mit drei Schichten kleiner Papiermachéstreifen beklebt. Die Fischformen im Mobile, die später beschrieben werden, eignen sich ebenfalls gut als Broschen, wie auch das Blumenmotiv der Halskette.

DAS BRAUCHST DU

Pauspapier • dünne Pappe, 10 cm × 13 cm • Schere • Kleister oder wasserverdünnten Buchbinderleim • Papier • feines Sandpapier • Plakafarben • schwarze Tusche • Klarlack • eine Broschennadel • transparenten Alleskleber

BROSCHENSCHABLONE *(dicke Pappe)*

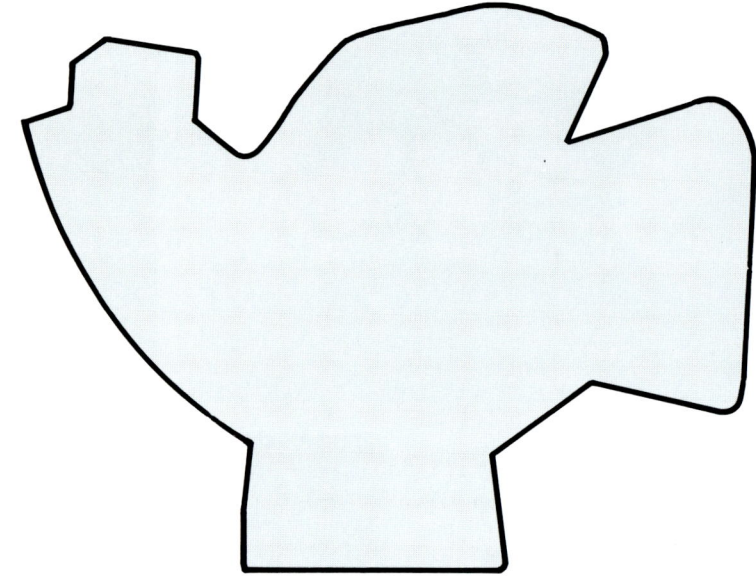

Anleitung für die Brosche

1 Pause das Huhn vom Buch ab, und übertrage es auf dünne Pappe. Schneide die Form mit der Schere aus, und überziehe sie einmal mit wasserverdünntem Buchbinderleim. Lege sie auf ein Kuchengitter, und laß sie vier Stunden trocknen.

2 Nimm die Pappform, und beklebe sie mit eingekleistertem Papier, und zwar mit kleinen, dünnen Streifen von etwa 1 cm × 7 cm. Bemühe dich, die Ecken sauber zu arbeiten, damit die Brosche hübscher und ordentlicher aussieht, wenn sie bemalt ist. Trage drei Schichten Papiermaché auf, und laß es dann 24 Stunden auf einem Kuchengitter trocknen.

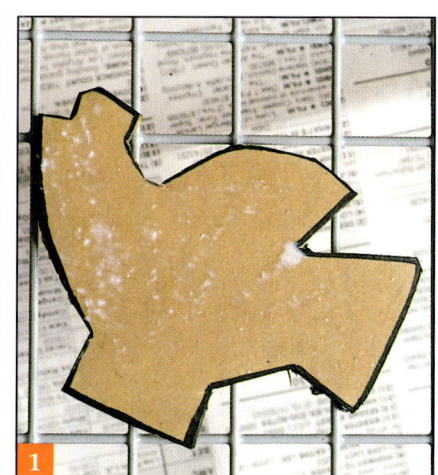

3 Glätte die Oberfläche der getrockneten Hühnchenform mit Sandpapier, und grundiere sie zweimal mit weißer Farbe, wobei die erste Schicht vor dem Auftragen der zweiten gründlich getrocknet sein sollte.

4 Wenn die weiße Farbe gründlich getrocknet ist, kannst du mit Bleistift das Hühnchenmuster aufzeichnen.

5 Male es bunt an. Wahrscheinlich brauchst du zwei Farbschichten, um einen satten Farbton zu erzielen.

6 Laß die Farbe vier Stunden trocknen, und male dann die Konturen in schwarzer Tusche. Lackiere die Brosche zweimal, wobei die erste Schicht vor dem zweiten Auftragen gründlich trocknen sollte. Vergiß nicht, hinterher deinen Lackierpinsel in Seifenlauge auszuwaschen.

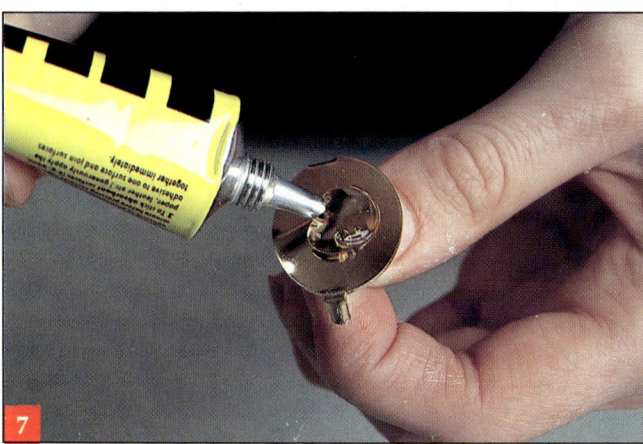

7 Laß den Lack gründlich trocknen, und bestreiche dann die Broschennadel von hinten sparsam mit transparentem Alleskleber.

8 Drücke die Broschennadel auf der Rückseite der Brosche im oberen Drittel möglichst in der Mitte fest. Laß sie 24 Stunden trocknen, bevor du sie dir zum ersten Mal ansteckst.

SCHACHTELN

Schachteln aus Papiermaché haben eine lange Tradition, besonders in der indischen Region Kaschmir, wo man sehr stabile Pillendöschen und Schatzkästchen daraus herstellt. Oft sind sie wunderschön verziert, etwa mit Reiter- und Tierszenen, und auch Blumen sind ein beliebtes Motiv. Kaschmirkästen produziert man aus vielen Lagen Papier, die fest zusammengestampft werden und an der Sonne trocknen.

Die Schachteln, die wir hier vorstellen, sind den indischen nachempfunden, bestehen jedoch aus Pappe, die mit Schichten von Papiermaché beklebt ist. Der Behälter für Schreibutensilien, der zwar strenggenommen keine Schachtel ist, kommt in diesem Teil vor, weil er Dinge aufbewahrt oder enthält – die traditionelle Funktion der Kästen. Alle Objekte sind einfach zu bauen und haben unterschiedliche Verschlüsse. Natürlich kannst du die Kästen beliebig groß oder klein bauen, und du kannst auch jede Form dafür wählen. Für deine kleinsten Schätze kannst du dir einen mit vielen Fächern basteln oder vielleicht einen »Doppeldecker« mit zwei Etagen für Briefe und Briefpapier. Außerdem könntest du Verpackungsschachteln für Weihnachts- oder Geburtstagsgeschenke herstellen. Die sind nicht nur sehr stabil und wiederverwendbar, sondern machen auch das Geschenkpapier überflüssig!

Schmuck-schatulle

Dieses Kästchen wurde schlicht, aber effektvoll mit Silberfolie und »Juwelen« aus Glas verziert und zeigt eine weitere Dekorationsmethode für Papiermaché. Pailletten eignen sich dafür sehr gut, oder man kann das Kästchen mit selbstklebender bunter Folie beziehen.

DAS BRAUCHST DU

dicke Pappe, etwa 33 cm × 28 cm • Cutter • Buchbinderleim (unverdünnt) • Kreppband • Kleister oder wasserverdünnten Buchbinderleim • Papier • feines Sandpapier • Silberfolie • transparenten Alleskleber • bunte Glas»edelsteine«

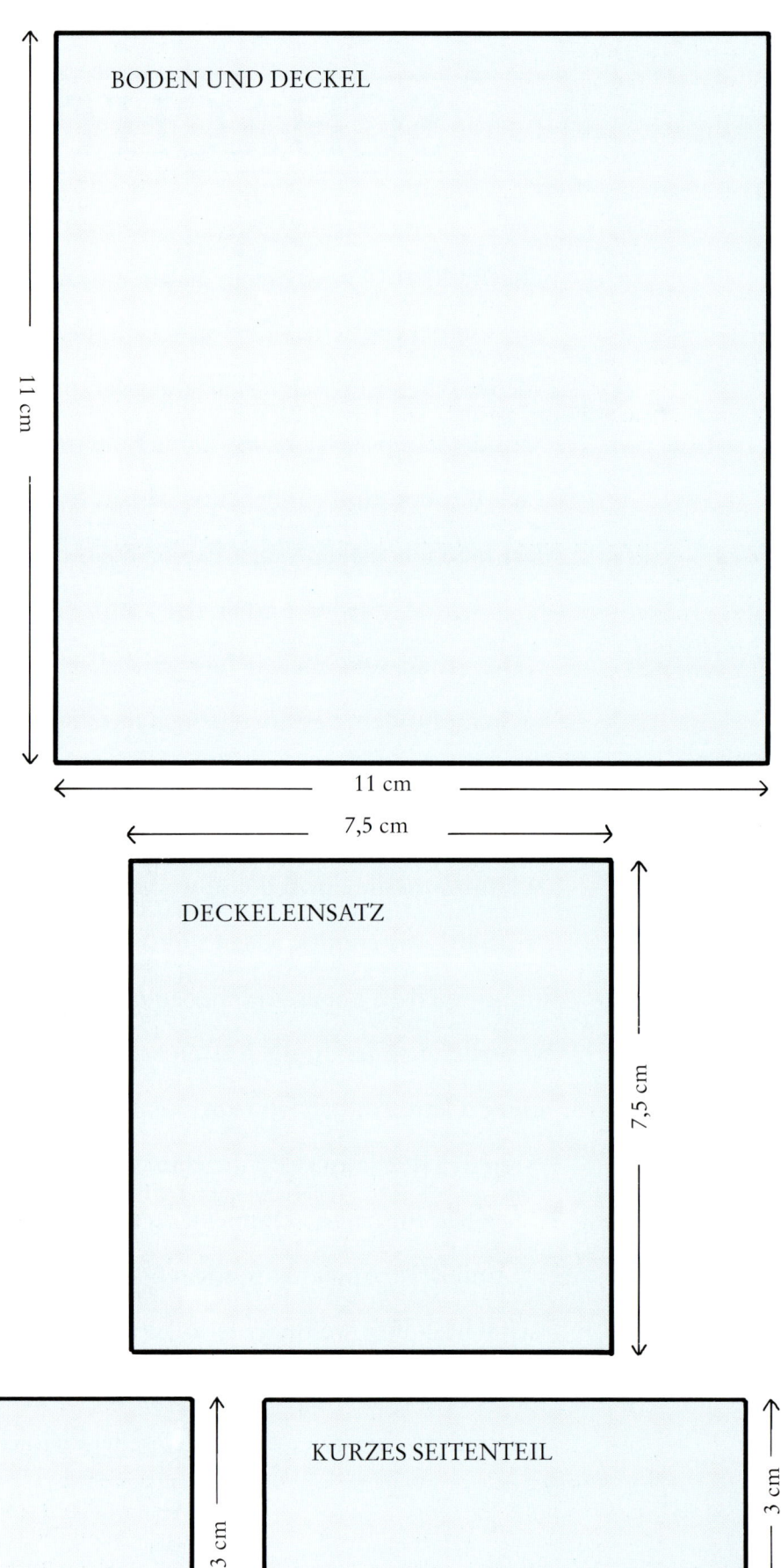

SCHABLONE FÜR DIE SCHMUCKSCHATULLE *(dicke Pappe)*

BODEN UND DECKEL

11 cm

11 cm

7,5 cm

DECKELEINSATZ

7,5 cm

LANGES SEITENTEIL

3 cm

9 cm

KURZES SEITENTEIL

3 cm

7,5 cm

Anleitung für die Schmuckschatulle

1 Übertrage die auf Seite 38 abgebildeten Musterteile auf die Pappe, und schneide sie aus. Füge die Wandteile mit Kreppband zu einem Quadrat zusammen. Bestreiche die unteren Kanten der Wände mit Buchbinderleim, und positioniere sie auf dem Kastenboden. Fixiere es mit Kreppband. Klebe dann den Deckeleinsatz auf die Unterseite des Deckels, und fixiere ihn ebenfalls mit Kreppband. Laß dann alles einige Stunden trocknen. Wenn beide Teile mit einer Schicht verdünntem Buchbinderleim bestrichen sind, müssen sie über Nacht trocknen.

2 Beziehe beide Kastenteile mit drei Schichten Papiermaché. Nimm dafür Papierstreifen von 2,5 cm Breite. Laß dann die Schachtel 24 Stunden auf einem Kuchengitter trocknen.

3 Reibe die trockenen Kastenoberflächen mit feinem Sandpapier glatt, und grundiere sie anschließend dünn mit weißer Farbe. Zwar ist die Farbe später nicht zu sehen, doch die Folie läßt sich so besser anbringen als auf Zeitungspapier. Laß die Farbe mindestens drei Stunden trocknen.

4 Wenn die Farbe gründlich durchgetrocknet ist, kann die Schachtel mit Folie bezogen werden. Am besten geht das mit langen, dünnen Folienteilen um die Wände herum und mit großen Teilen für Deckel, Boden und die Innenauskleidung. Schneide alle Folienteile zu, bevor du sie festklebst. Folie paßt sich genau der Form der Schatulle an, darum machst du am besten eine »Anprobe« sämtlicher Folienteile. Wenn Größe und Form stimmen, leime die Folie mit transparentem Alleskleber fest.

5 Laß die Folie nach dem Ankleben noch eine Stunde trocknen, bevor du die »Juwelen« anbringst. Denk dir ein Muster aus, und probiere mehrere Anordnungen aus, bevor du sie endgültig festklebst. Wenn du dich für ein Muster entschieden hast, gib je einen Klecks transparenten Alleskleber auf die Unterseite der Steine, und drücke sie fest an den Kasten. Laß alles rund 24 Stunden trocknen, bevor du den Kasten in Gebrauch nimmst.

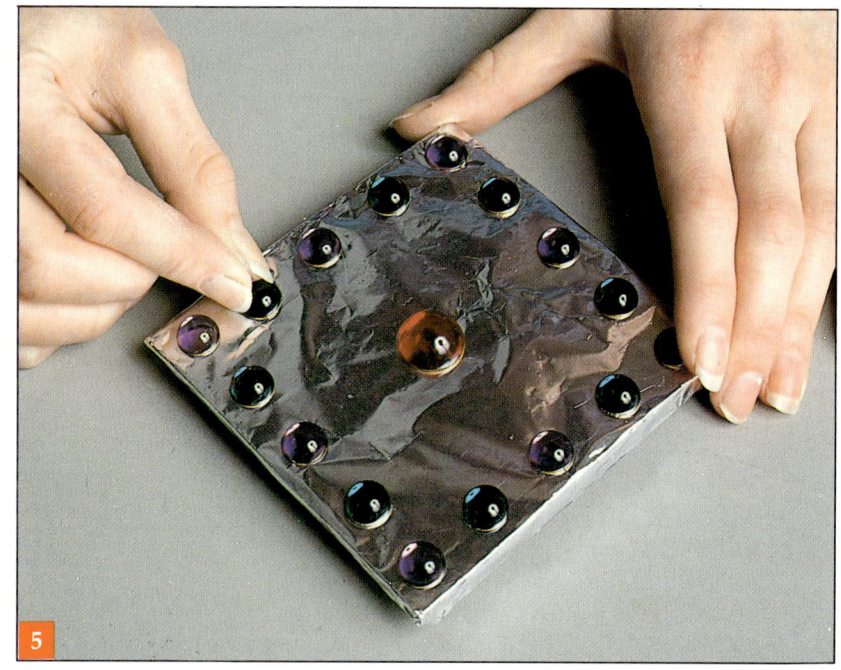

Behälter für Stifte

In diesem Behälter lassen sich auch viele andere nützliche Dinge verwahren (z.B. Schere, Büroklammern, Radiergummis), so sorgt er für Ordnung auf deinem Schreibtisch. Du kannst auch Nähutensilien darin aufbewahren oder deine Farben und Pinsel. Wenn du die Seitenwände höher arbeitest, kannst du Schreibpapier hineinlegen. Bastele noch mehr Fächer oder nimm ein größeres Format, je nachdem, was du für Hobbys hast, und dekoriere den Kasten entsprechend. Du könntest sogar mehrere davon anfertigen und sie übereinanderstapeln.

DAS BRAUCHST DU

dicke Wellpappe, etwa 43 cm × 38 cm • Cutter • Buchbinderleim (unverdünnt) • Kreppband • Kleister oder wasserverdünnten Buchbinderleim • Papier • feines Sandpapier • Plakafarben • Klarlack

SCHABLONE FÜR STIFTEBEHÄLTER *(dicke Pappe)*

TRENNWAND

8 cm

20,5 cm

20 cm

BODEN

24 cm

22 cm

LANGES SEITENTEIL, 2 × ausschneiden

5 cm

16,5 cm

KURZES SEITENTEIL, 2 × ausschneiden

5 cm

Anleitung für den Stiftebehälter

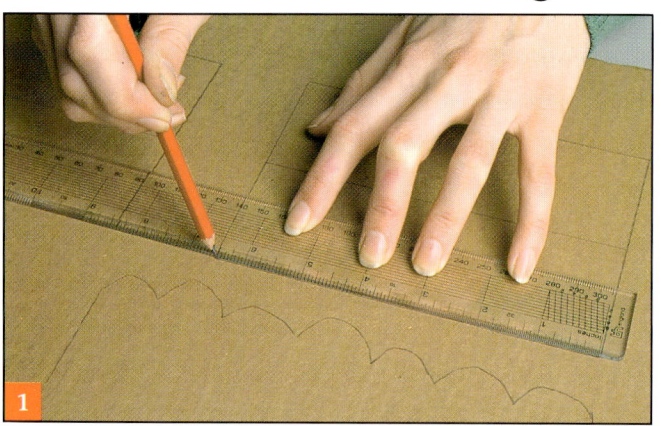

1 Übertrage die Formen für den Boden, die Seiten und die Trennwand auf Pappe, und achte auf die richtigen Maße.

2 Bitte einen Erwachsenen, dir beim Ausschneiden der Teile mit dem Cutter zu helfen, denn die Klinge ist sehr scharf. Schneide die Pappe entlang eines Metallineals.

3 Nimm die vier Seitenteile deines Behälters, und klebe sie mit unverdünntem Buchbinderleim zu einem Rechteck zusammen. Die Nahtlinien werden mit Kreppband gesichert. Bestreiche die Unterseite der zusammengefügten Seitenteile dünn mit Leim, und stelle sie auf das Bodenteil. Wenn sie an Ort und Stelle sind, sichere auch sie mit Kreppband.

4 Trage einen dünnen Strich Buchbinderleim auf die Unterseite und die Seiten der wellenförmigen Trennwand auf, und setze sie in die Mitte des Behälters. Sichere sie mit Kreppband.

5 Jetzt bestreiche den Behälter rundum mit wasserverdünntem Leim, und laß ihn vier Stunden trocknen.

6 Wenn er trocken ist, beklebe ihn mit drei Schichten Papiermaché. Nimm dazu schmale lange Streifen (2,5 cm × 15 cm). Achte darauf, daß du das Papier innen gut in die Ecken drückst (falls vorhanden mit einem Falzbein), damit es sauber aussieht. Nimm kleine Papierstückchen von etwa 1 cm × 5 cm, um die wellenförmige Trennwand zu beziehen, dann wird sie nicht so uneben. Der Behälter muß 24 Stunden trocknen.

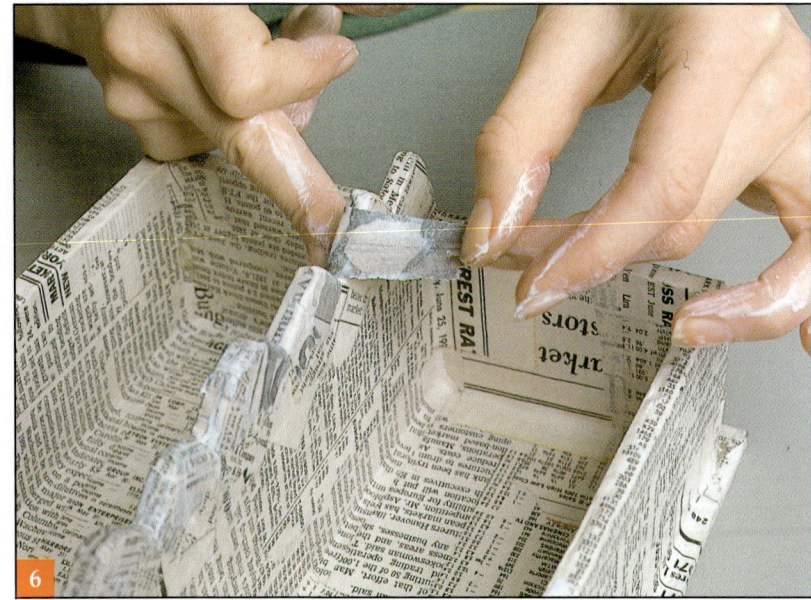

7 Wenn er trocken ist, glätte alle Flächen mit feinem Sandpapier, und grundiere sie mit zwei Schichten weißer Plakafarbe, wobei vor dem zweiten Farbeauftragen die erste Schicht gut trocknen muß. Male dein Dekor auf den Behälter. Unser Kasten zeigt an, was hinein soll: Füller und Bleistifte, Schere und Pinsel. Du kannst diese Idee übernehmen oder vielleicht überall Punkte und Streifen in Kontrastfarben malen, oder du malst deinen Namen in einer Schmuckschrift auf.

8 Wenn du die Muster vorgezeichnet hast, male sie mit den gewünschten Farben aus. Vergiß nicht, daß auch die untere Seite des Bodens bemalt werden sollte.

9 Du mußt wie immer zwei Farbschichten auftragen, damit sie gut decken, trage die zweite aber erst auf, wenn die erste vollkommen trocken ist. Konturen oder Schriftzüge werden jetzt mit schwarzer Tusche aufgezeichnet.

10 Laß den Stiftekasten über Nacht trocknen, und lackiere ihn danach zweimal mit glänzendem Klarlack, wobei die erste Schicht zuerst durchgetrocknet sein sollte. Vergiß nicht, deinen Pinsel gründlich in Seifenlauge auszuwaschen, wenn du fertig bist.

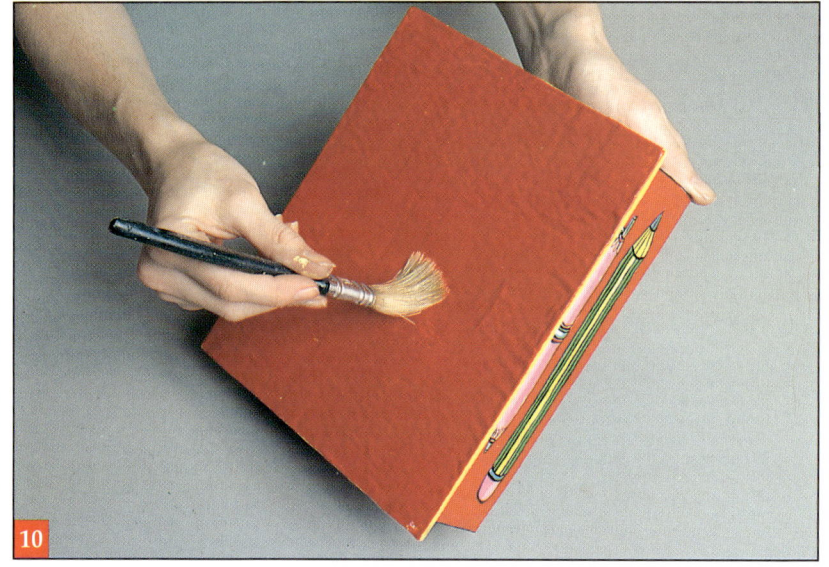

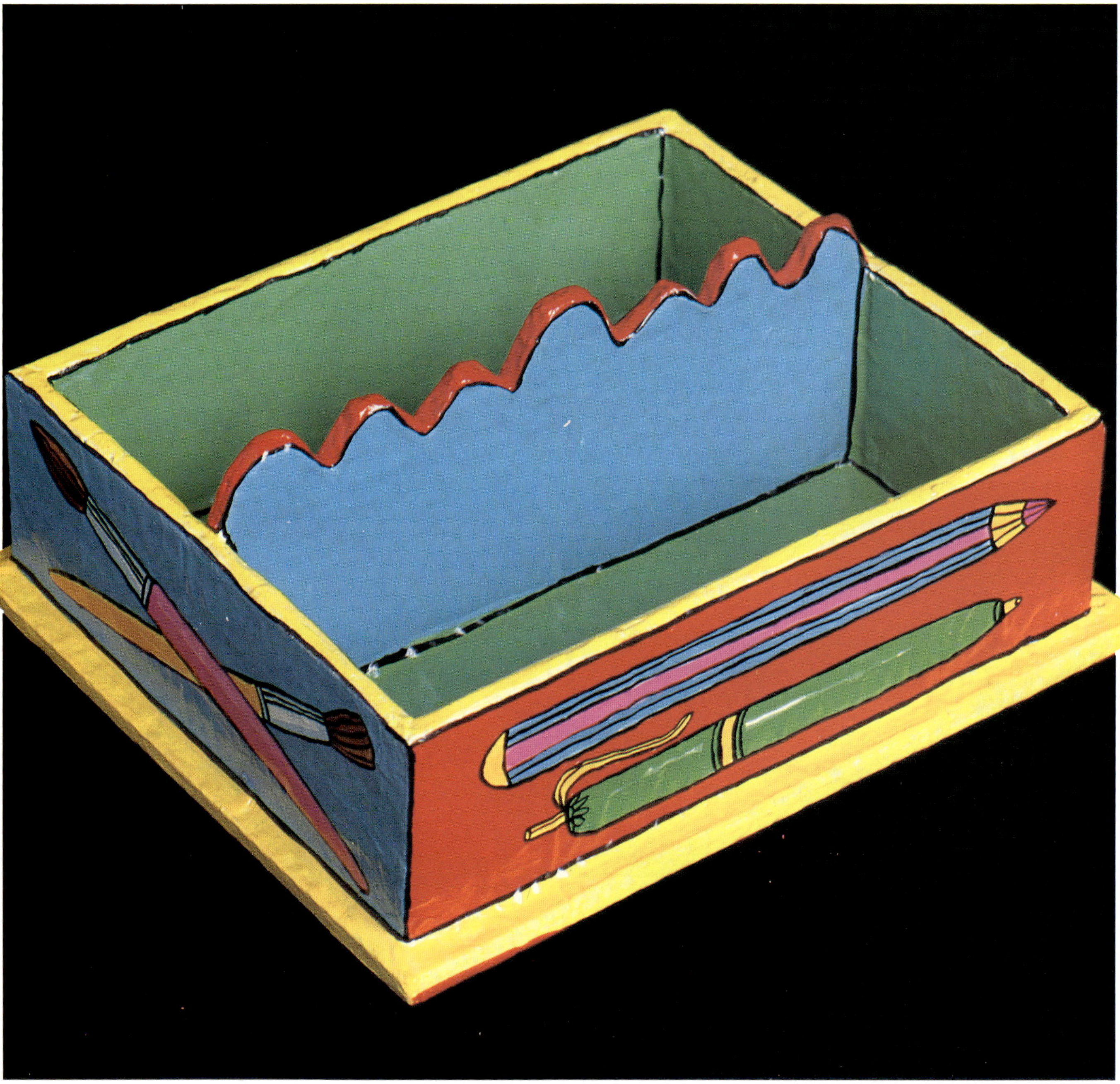

Scharnier-kasten

Dieser Kasten mit festem Deckel wurde mit der sogenannten Découpagetechnik verziert. Dabei sammelt man interessante Ausschnitte aus Illustrierten, Zeitungen und Grußkarten, die man dann zur Dekoration auf Gegenstände klebt und anschließend effektvoll lackiert.

Unser Kasten ist mit Fotokopien alter Schwarzweißstiche aus einem Lexikon verziert, aber es eignet sich zu Schmuckzwecken eigentlich alles, was dir gefällt.

DAS BRAUCHST DU

ein Stück dicke Pappe, etwa 40 cm × 36 cm • Cutter • Buchbinderleim (unverdünnt) • Kreppband • Kleister oder wasserverdünnten Buchbinderleim • Papier • feines Sandpapier • Baumwollband 2,5 cm breit und 10 cm lang • verschiedene Ausschnitte aus Zeitungen, Illustrierten, Grußkarten, Tapetenmusterbüchern usw. • glänzenden Klarlack

SCHABLONEN FÜR SCHARNIERKASTEN *(dicke Pappe)*

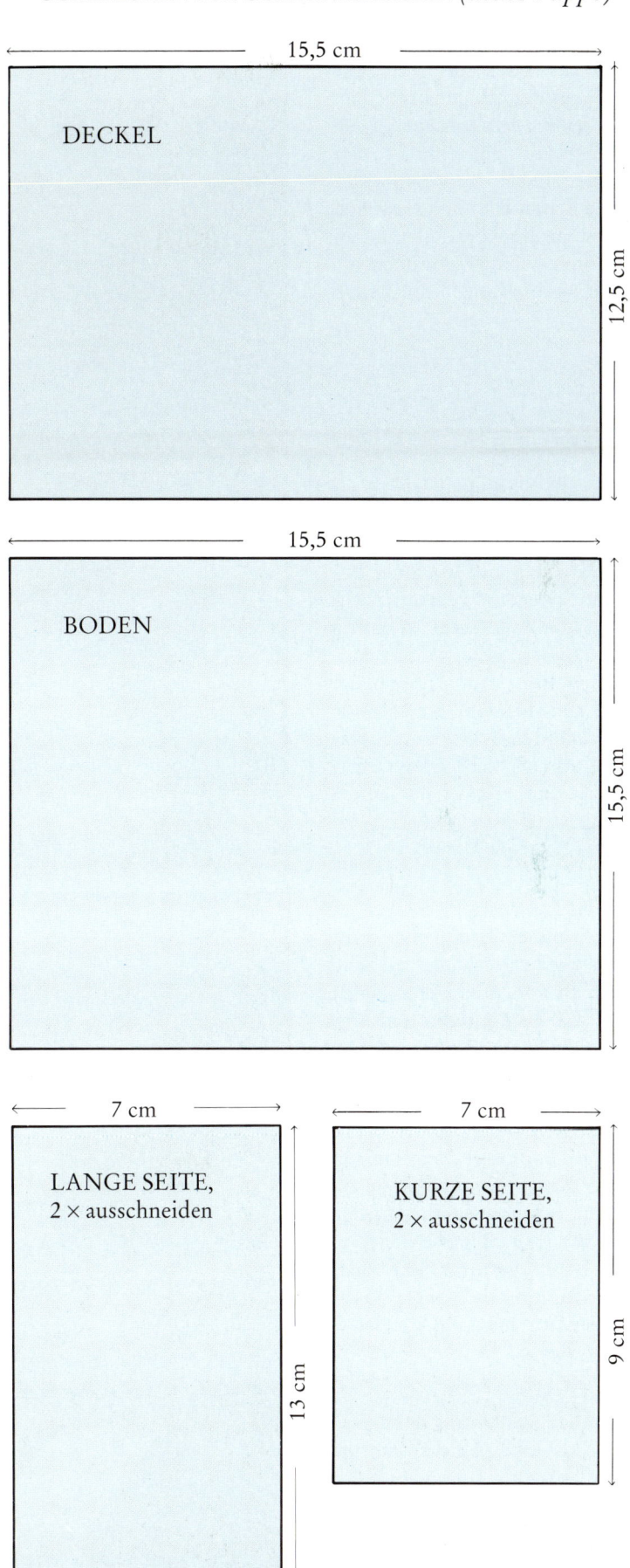

15,5 cm

DECKEL

12,5 cm

15,5 cm

BODEN

15,5 cm

7 cm

LANGE SEITE, 2 × ausschneiden

13 cm

7 cm

KURZE SEITE, 2 × ausschneiden

9 cm

Anleitung für den Scharnierkasten

1 Übertrage die Maße für jedes Kastenteil aus dem Buch auf die Pappe. Bitte einen Erwachsenen, jedes Teil für dich mit dem Cutter entlang einem Metallineal auszuschneiden. Nimm die Seitenteile, und bestreiche die Kanten mit Buchbinderleim. Füge sie im rechten Winkel zusammen, und sichere die Verbindungen mit Kreppband.

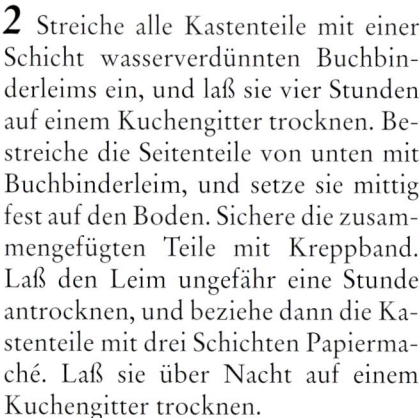

2 Streiche alle Kastenteile mit einer Schicht wasserverdünnten Buchbinderleims ein, und laß sie vier Stunden auf einem Kuchengitter trocknen. Bestreiche die Seitenteile von unten mit Buchbinderleim, und setze sie mittig fest auf den Boden. Sichere die zusammengefügten Teile mit Kreppband. Laß den Leim ungefähr eine Stunde antrocknen, und beziehe dann die Kastenteile mit drei Schichten Papiermaché. Laß sie über Nacht auf einem Kuchengitter trocknen.

3 Wenn das Papiermaché trocken ist, glätte es mit feinem Sandpapier. Falte das Gewebeband der Länge nach auf die Hälfte. Bestreiche die eine Hälfte davon mit unverdünntem Leim, und klebe es außen an der hinteren oberen Kante des Kastens fest. Streiche die andere Bandhälfte mit Leim ein, und klebe sie auf den Kastendeckel. Wahrscheinlich mußt du den Deckel mit einem Stapel Zeitschriften oder ein bis zwei Büchern beschweren, während der Leim trocknet. Beziehe die Kanten des Bandscharniers mit zwei Schichten Papiermaché, wobei du die Falte in der Mitte aussparst, und laß es 24 Stunden ruhen.

4 Wenn alles vollkommen trocken ist, glätte das Extrapapiermaché um das Scharnier herum, und bemale den ganzen Kasten mit zwei Schichten weißer Farbe.

5 Laß die Farbe gründlich trocknen, und arrangiere dann deine Ausschnitte auf dem Kasten. Probiere verschiedene Muster aus, bevor du sie festklebst. Nimm dafür ein bißchen unverdünnten Leim, und laß alles ein paar Stunden lang an einem warmen Ort trocknen.

6 Wenn die Kastenoberfläche stellenweise weiß bleibt, nimm zum Lakkieren wasserverdünnten Leim – aber nicht zuviel –, da Klarlack auf Weiß leicht gelblich wirken kann. Egal welches Material du wählst, es wird auf jeden Fall zweimal lackiert. Laß die erste Schicht vor dem Auftragen der nächsten gründlich trocknen. Nach einer Trockenzeit von weiteren 24 Stunden kann der Kasten endlich »eingeweiht« werden.

Herz-schachtel

Diese Schachtel wurde mit bunter Bonbonfolie dekoriert. Sie ist trotz ihrer Form recht leicht nachzu-bauen und kann allerlei Kleinig-keiten wie Schmuck, Geld oder Süßigkeiten aufnehmen. Ein besonders hübsches Geschenk zum Muttertag ...

DAS BRAUCHST DU

Pauspapier • dicke Wellpappe, etwa 31 cm × 26 cm • dünne Wellpappe, etwa 36 cm × 5 cm • Cutter • Buch-binderleim (unverdünnt) • Kreppband • transparenten Alleskleber • Kleister oder wasserverdünnten Buch-binderleim • Papier • feines Sandpapier • verschiedene Plakafarben • glänzenden Klarlack • kleine Stückchen bunten Bonbonpapiers, Gold-folie o.ä.

SCHABLONE FÜR HERZSCHACHTEL *(dicke und dünne Pappe)*

BODEN UND DECKEL *(dicke Pappe)*

Markierungslinie für die Schachtelwand

DECKELEINSATZ
(dicke Pappe)

SCHACHTELWAND *(dünne Pappe)*

32 cm

3 cm

Anleitung für die Herzschachtel

1 Pause die Teile aus dem Buch ab, und übertrage die Formen für Boden und Deckel auf dicke Pappe und die für die Seiten auf dünne Pappe. Die Wellenlinien sollten senkrecht verlaufen, dann kann man die Pappe leichter in Form biegen. Schneide alle Teile aus. **Bitte einen Erwachsenen um Hilfe bei der Verwendung eines Cutters, denn die Klinge ist sehr scharf.** Nimm den langen dünnen Pappstreifen für die Schachtelseitenwand, und knicke ihn leicht der Länge nach an jeder Welle, damit er sich beim Festkleben auf den Boden an der Markierungslinie einfacher in Herzform bringen läßt. Trage auf die Unterkante der Seitenwände Buchbinderleim auf, und klebe sie vorsichtig an der Markierungslinie fest. Fixiere sie etwa alle 3 cm mit langen Kreppbandstreifen.

2 Lege den Deckeleinsatz in die Mitte der Deckelunterseite. Ziehe eine Bleistiftlinie darum, und streiche den Deckeleinsatz mit transparentem Alleskleber ein. Drücke den Einsatz auf den markierten Bereich des Deckels. Laß den Deckel und den Boden etwa eine Stunde trocknen, und gib dann beiden Teilen eine Schicht wasserverdünnten Buchbinderleims. Laß beide Teile etwa vier Stunden an einem warmen Ort trocknen.

3 Beziehe beide Teile mit zwei Schichten Papiermaché, und laß sie mindestens 24 Stunden auf einem Kuchengitter trocknen.

4 Erst wenn beide Bestandteile der Schachtel trocken sind, solltest du sie mit feinem Sandpapier glätten. Grundiere sie zweimal mit weißer Plakafarbe, wobei die erste Schicht vor dem Auftragen der zweiten trocknen muß.

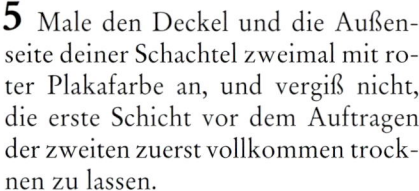

5 Male den Deckel und die Außenseite deiner Schachtel zweimal mit roter Plakafarbe an, und vergiß nicht, die erste Schicht vor dem Auftragen der zweiten zuerst vollkommen trocknen zu lassen.

6 Male die Innenseite des Herzkastens zweimal an; auf unserem Bild ist die Innenseite gelb, aber du kannst natürlich jede beliebige Farbe dafür nehmen. Laß die Farbe gründlich trocknen, dann lackiere die Schachtel mit einer Schicht glänzenden Klarlacks. 24 Stunden trocknen lassen!

7 Wenn der Lack trocken ist, kannst du damit anfangen, die Verzierungen aufzukleben. Schneide Folienteile aus, und klebe sie mit Alleskleber auf die lackierte Oberfläche der Schachtel. Dein Muster kann so ausgefallen oder so schlicht sein, wie es dir gefällt. Vielleicht möchtest du die Schachtel auch mit Folie auskleiden?

8 Laß die Schachtel über Nacht gut trocknen, lackiere sie dann über den Folienverzierungen vorsichtig, damit du sie nicht mit dem Pinsel abreißt. Laß die erste Lackschicht gründlich trocknen, und lackiere dann noch einmal. Reinige deinen Pinsel wie immer zum Schluß mit Wasser und Seife.

RAHMEN

Schlichte Bilder- oder Fotorahmen sind ganz einfach herzustellen und lassen sich auf vielfältige Weise verzieren. Sie können speziell für ein Bild oder ein Foto angefertigt werden, so daß der Rahmen das Bild besonders hervorhebt, oder sie können so allgemein gehalten sein, daß sie mit verschiedenen Bildern gut aussehen.

Du kannst alles Mögliche nehmen, um deinen Rahmen zu schmücken: Tonscherben als Mosaik arrangieren, knallbunte Folie von Bonbonpapier, Pailletten, Knöpfe, Muscheln, Glasperlen usw. Von den hier abgebildeten Rahmen hat einer ein Dekor aus Goldtalern, und einer ist bemalt. Du kannst dir aussuchen, was dir am besten gefällt oder auch zwei oder drei Ideen für einen Rahmen kombinieren.

Die beiden Rahmen sind auf verschiedene Art verschlossen. Der Herzrahmen ist versiegelt; der Inhalt bleibt für immer eingeschlossen. Der Rahmen mit der Herzöffnung hat an der Seite ein Scharnier und wird mit einer Schleife zugebunden.

Herz-rahmen

Dieser Rahmen wird für immer versiegelt, darum mußt du genau überlegen, was du hineinlegst, bevor du ihn bastelst. Er ist mit goldenen Ziermünzen dekoriert – die Art, die man auf Tücher und Kostüme näht – und sie verleihen ihm einen Hauch von Luxus. Man muß für die Verzierung nicht unbedingt etwas kaufen; alte Messing- und vergoldete Knöpfe eignen sich genausogut, besonders, wenn man verschiedene Größen und Farbnuancen verwendet.

Wir haben das Bild von der Sonne ausgewählt, weil es so heiter ist, aber vielleicht möchtest du lieber ein besonderes Foto nehmen. Weil du es nicht mehr herausnehmen kannst, wenn der Rahmen fertig ist, nimm am besten einen Abzug von deinem Bild und nicht das Original. Man kann das Bild durch ein kleines Stückchen Acetat schützen, das verhindert, daß sich Staub und Schmutz auf dem Bild festsetzen können.

Anleitung für den Herzrahmen

1 Zeichne ein großes Herz auf die dicke Pappe, 25 cm hoch und an der breitesten Stelle von links nach rechts 20 cm. Übertrage die Form dieses Herzens genau auf die dünnere Pappe. Bitte einen Erwachsenen, dir beim Ausschneiden der Herzformen mit dem Cutter zu helfen.

2 Nimm ein Lineal, um ein Rechteck von 10 cm × 7 cm in der Mitte des dicken Pappstücks zu zeichnen. Das wird die Öffnung für deinen Rahmen. Ein Erwachsener sollte mit dem Cutter helfen. Streiche beide Pappteile mit wasserverdünntem Leim ein, und laß sie vier Stunden auf einem Kuchengitter trocknen.

3 Wenn die beiden Rahmenteile trocken sind, kannst du sie mit Papiermachéschichten beziehen. Nimm etwa 2,5 cm breit gerissene Papierstreifen. Versuche, das Papiermaché im Bereich der Öffnung in der Vorderseite des Rahmens sauber und glatt zu verarbeiten. Trage insgesamt drei Schichten Papiermaché auf, und laß sie 24 Stunden trocknen.

DAS BRAUCHST DU

Dicke Pappe, etwa 30 cm × 25 cm • Pauspapier • dünne Pappe, etwa 30 cm × 25 cm • Cutter • Kleister oder wasserverdünnten Buchbinderleim • Papier • feines Sandpapier • ein Stück Acetat, etwa 11 cm × 8 cm • Alleskleber • Kreppband • 2 Musterbeutelklammern • verschiedene Plakafarben • glänzenden oder matten Klarlack • Goldtaler, alte Messingknöpfe, Pailletten, Muscheln usw. • dünne Bändchen, 20 cm lang

SCHABLONE FÜR HERZRAHMEN *(dicke Pappe)*

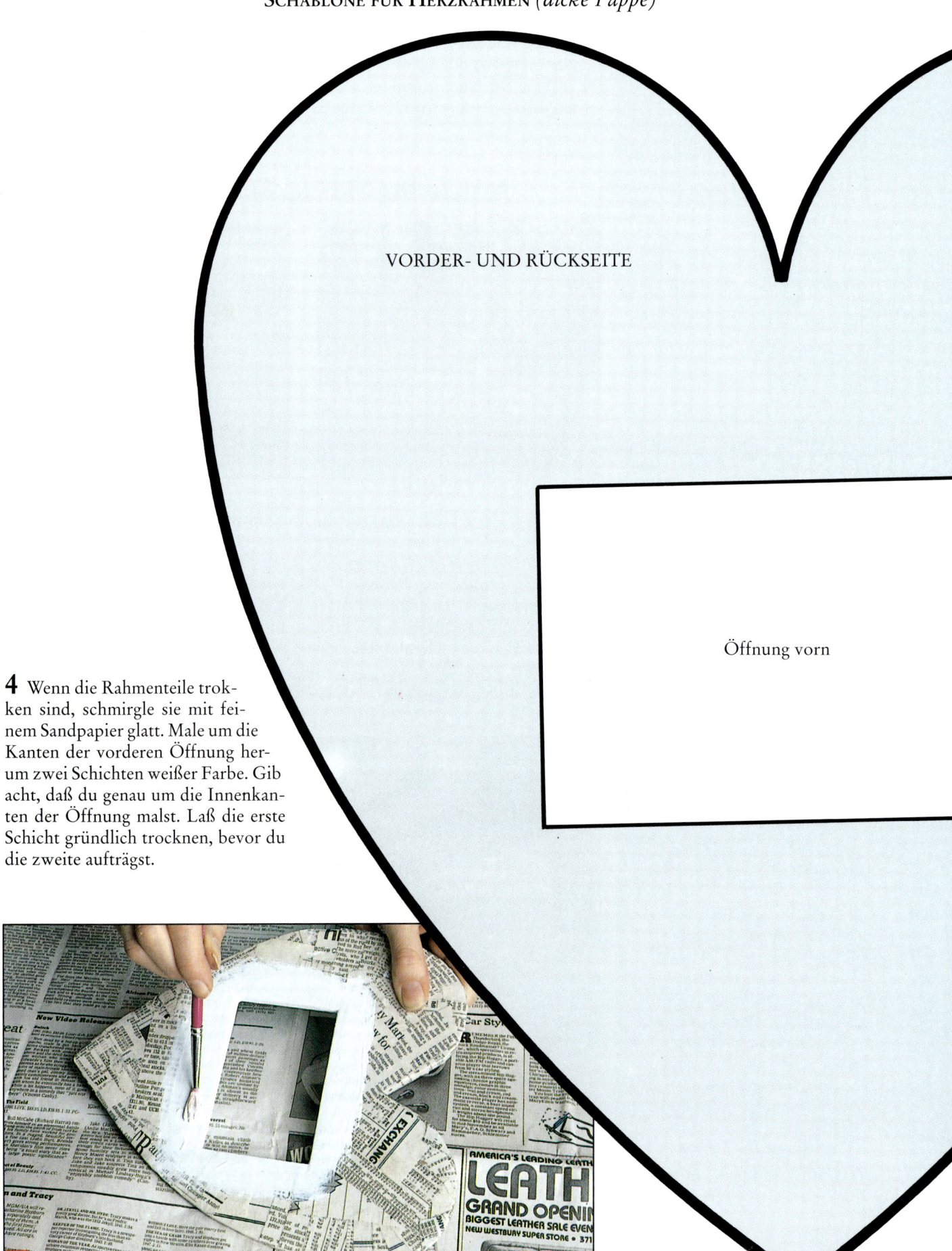

VORDER- UND RÜCKSEITE

Öffnung vorn

4 Wenn die Rahmenteile trokken sind, schmirgle sie mit feinem Sandpapier glatt. Male um die Kanten der vorderen Öffnung herum zwei Schichten weißer Farbe. Gib acht, daß du genau um die Innenkanten der Öffnung malst. Laß die erste Schicht gründlich trocknen, bevor du die zweite aufträgst.

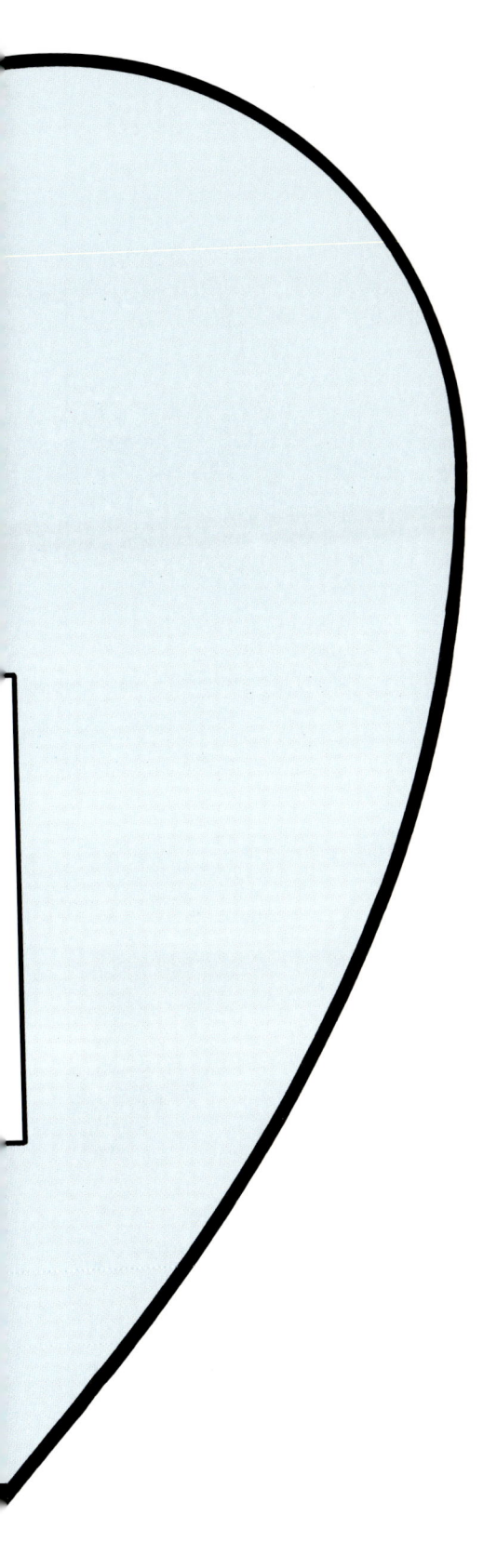

5 Wenn die weiße Farbe trocken ist, legst du das Acetatstück über die rechteckige Öffnung. Es ist gleich, auf welche Seite du das Acetat legst, bedenke nur, daß dies jetzt die **Innenseite** des Rahmens ist. Markiere die Position des Acetats rundum mit einem Bleistift. Bestreiche die Kanten dünn mit transparentem Alleskleber, und drücke das Acetat innerhalb der Bleistiftmarkierung an. Sichere es mit Kreppband.

6 Lege dein Bild auf das Acetat, wieder innerhalb des Rahmens. Achte darauf, daß das Bild richtig herum liegt und von der Rahmenvorderseite her durch das Acetat der beste Ausschnitt zu sehen ist. Wenn du sicher bist, daß das Bild gerade liegt und von vorn gut aussieht, fixiere es mit Kreppband.

7 Laß einen Erwachsenen mit einem Cutter zwei kleine Schlitze in jede Seite der dünnen Herzform einritzen, und zwar jeweils 7,5 cm vom oberen Herzrand und 5 cm von der Mitte entfernt. Diese Schlitze sind für je eine Musterbeutelklammer bestimmt, die als Bildaufhänger dienen. Wenn du das dünne Herz auf die Rückseite der dicken Herzform klebst, achte darauf, daß die Knöpfe der Klammern außen und ihre Arme auf der Innenseite sind. Du kannst leicht überprüfen, ob du die Klammern richtig herum hineingesteckt hast: Die Seite, an der die Arme herausgucken, sollte genau auf die Innenseite der dicken Herzform passen. Falls das nicht der Fall ist, ziehe die Klammern aus dem dünnen Herzen heraus, und schiebe sie von der anderen Seite wieder hinein. Biege die Arme flach auseinander, und beklebe sie mit Kreppband. Dann beziehe das Kreppband mit einer Schicht Papiermaché, und laß das Herz über Nacht trocknen.

Vorder- und Rückseite zusammenfügen

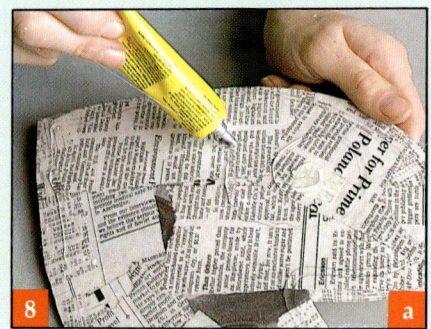

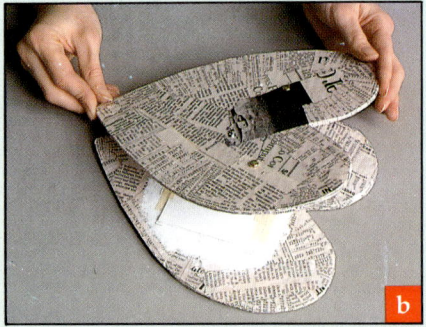

8 Wenn das dünne Herz trocken ist, bestreiche die Innenseite (a) mit Klebstoff. Klebe das dünne Herz behutsam an die Rückseite der dicken Herzform (b), und fixiere sie mit Kreppband (c).

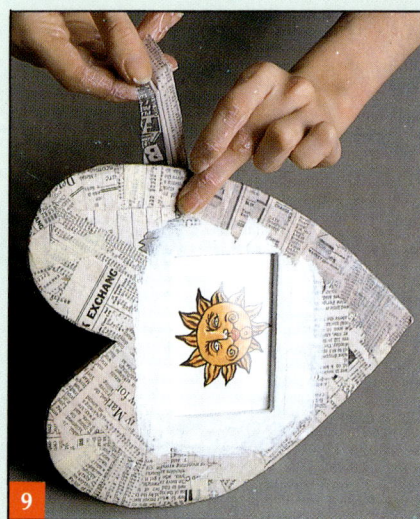

9 Laß den Kleber etwa eine Stunde lang antrocknen, dann versiegele die Kanten des Rahmens mit kurzen Streifchen Papiermaché. Laß keinen Leim an das Acetat kommen, besonders keinen wasserverdünnten Buchbinderleim. Klebe zwei Schichten Papier, und laß den Rahmen 24 Stunden trocknen.

10 Wenn der Rahmen trocken ist, reibe ihn mit feinem Sandpapier schön glatt. Bemale ihn zweimal mit weißer Farbe, wobei du besonders sorgfältig um die Knöpfe der Klammern pinseln mußt. Laß die erste Schicht gründlich trocknen, bevor du die zweite aufträgst. Trockenzeit: zwei Stunden.

11 Jetzt wird zweimal mit Plakafarbe grundiert. Laß sie 24 Stunden lang gründlich trocknen, dann lackiere den Rahmen zweimal mit Klarlack. Laß die erste Schicht trocknen, bevor du die zweite aufträgst. Vergiß nicht, deinen Lackpinsel zum Schluß mit Wasser und Seife auszuwaschen.

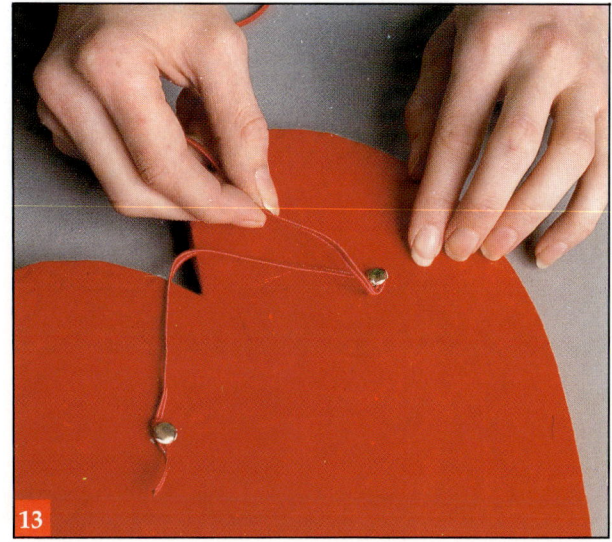

12 Wenn die zweite Lackschicht getrocknet ist, lege die Verzierungen auf (z.B. Goldtaler), und ordne sie in einem Muster an. Wenn du mit dem Ergebnis zufrieden bist, streiche die Rückseiten der Münzen mit transparentem Alleskleber ein, und drücke sie dann fest auf den Rahmen.

13 Laß den Rahmen gut trocknen, und binde die Schnur hinten um die Knöpfe der Musterklammern. Nun kannst du das Herz aufhängen.

Eckiger Rahmen mit Herzöffnung

Dieser Rahmen hat eine herzförmige Öffnung. Er hat ein Scharnier und wird an einer Seite mit einem Schleifchen zugebunden. Diese Form eignet sich gut als Muttertagsgeschenk, aber du kannst die Form der Öffnung auch beliebig abwandeln und den Rahmen in jedem Format anfertigen. Du könntest sogar mehrere Öffnungen hineinarbeiten und entsprechend viele Bilder oder Fotos hineinstecken.

DAS BRAUCHST DU

dicke Pappe, 36 cm × 36 cm •
Cutter • Buchbinderleim •
Kreppband • Kleister
oder wasserverdünnten Buch-
binderleim • Papier • feines
Sandpapier • Gewebeband,
2,5 cm × 20 cm • schmales
Baumwollbändchen,
2 Stücke à 10 cm • transparenten
Alleskleber • verschiedene
Plakafarben • schwarze Tusche •
glänzenden oder matten
Klarlack • schwarzen Filz,
etwa 17,5 cm × 17,5 cm
• Schere

Eckiger Rahmen mit herzförmiger Öffnung *(dicke Pappe)*

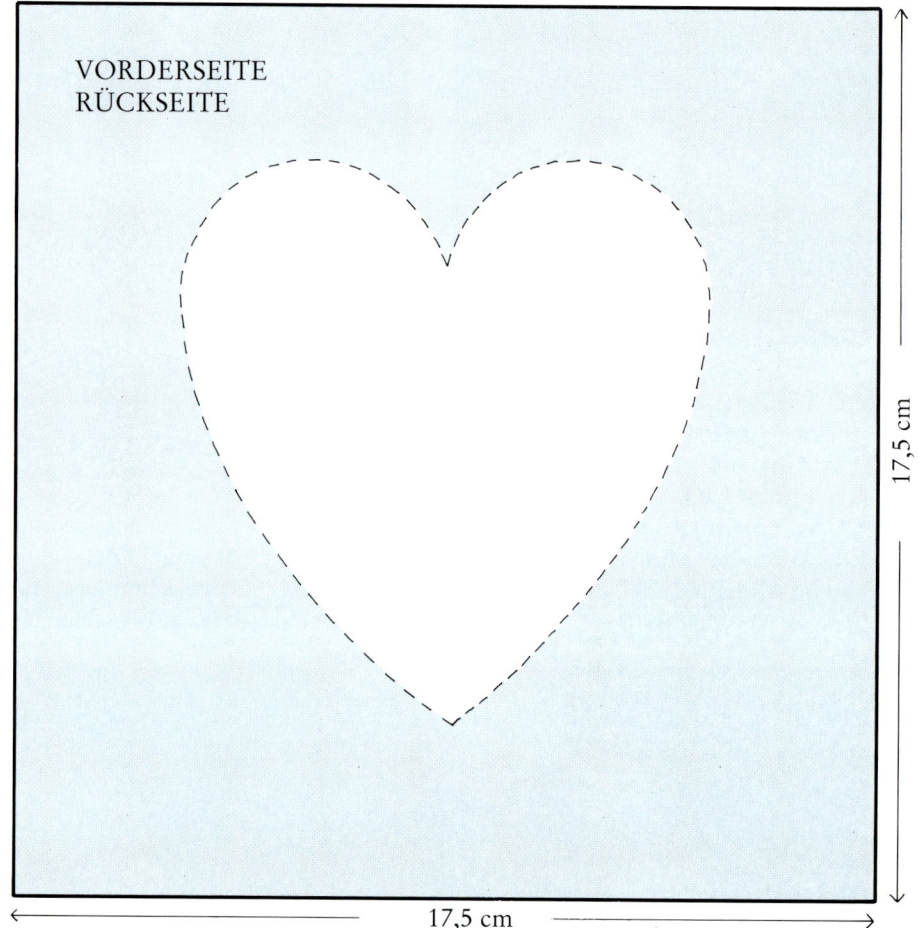

VORDERSEITE
RÜCKSEITE

17,5 cm

17,5 cm

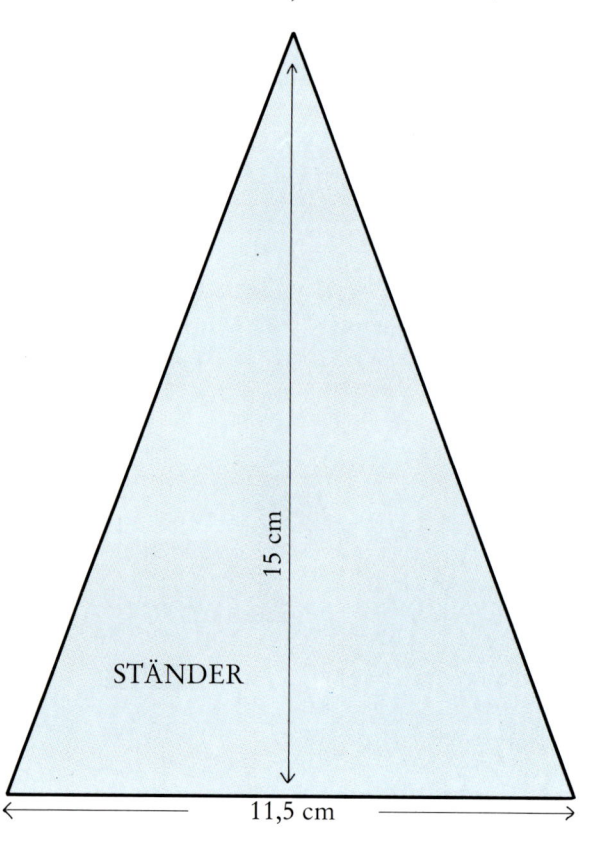

15 cm

STÄNDER

11,5 cm

Anleitung für den Rahmen

1 Übertrage die Maße für die Vorder- und Rückseite des Rahmens auf die Pappe. Achte auf Genauigkeit. Bitte einen Erwachsenen, dir beim Ausschneiden von Rahmenteilen und Ständer mit dem Cutter zu helfen, denn die Klinge ist sehr scharf.

2 Miß auf der Rückseite der oberen und der unteren Kante die Mitte aus. Nimm ein Lineal, um diese beiden Punkte mit einer Bleistiftlinie zu verbinden. Bestreiche eine Längskante des Ständers mit Buchbinderleim, und drücke ihn entlang der Bleistiftlinie auf der Rückseite fest. Sichere den Ständer mit Kreppband, und laß den Leim ein paar Stunden antrocknen.

3 Grundiere die Rahmenteile zweimal mit wasserverdünntem Buchbinderleim, und laß sie vier Stunden auf einem Kuchengitter trocknen. Beziehe alle Teile mit drei Schichten Papiermaché. Gib acht, daß du den Ständer dabei nicht verschiebst. Laß die Rahmenteile über Nacht auf einem Kuchengitter trocknen.

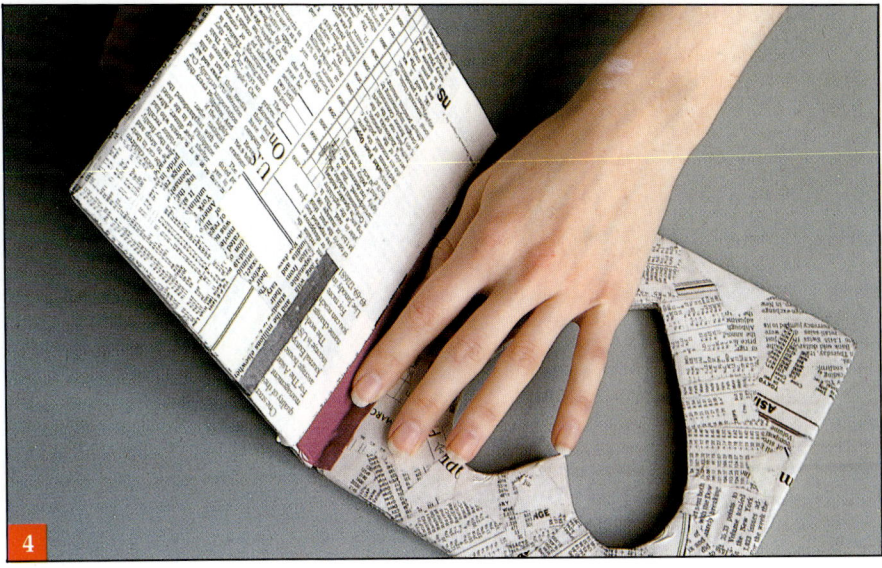

4 Reibe die trockenen Teile mit feinem Sandpapier glatt. Falte das Band für das Scharnier längs in der Mitte, und bestreiche eine Hälfte mit unverdünntem Leim. Klebe diesen Teil auf den rechten inneren Rand des vorderen Rahmenteils. Bestreiche die andere Bandhälfte mit Leim, und klebe sie an die gegenüberliegende Kante der Rückseite. Während das Band trocknet, bleibt der Rahmen leicht geöffnet, damit der Stoff nicht zusammenklebt.

5 Wenn das Band trocken ist, öffne den Rahmen. Markiere die Mittelpunkte der beiden Außenkanten (gegenüber dem Scharnier) jeweils auf der Innenseite, und klebe die schmalen Baumwollbändchen bis zur Hälfte der Länge mit transparentem Alleskleber dort an. Sichere die Enden des Bändchens auf dem inneren Rahmen mit Kreppband. Beziehe die Ränder des Scharnierbands und des Bändchens mit zwei Schichten Papiermaché. Laß den Rahmen 24 Stunden trocknen.

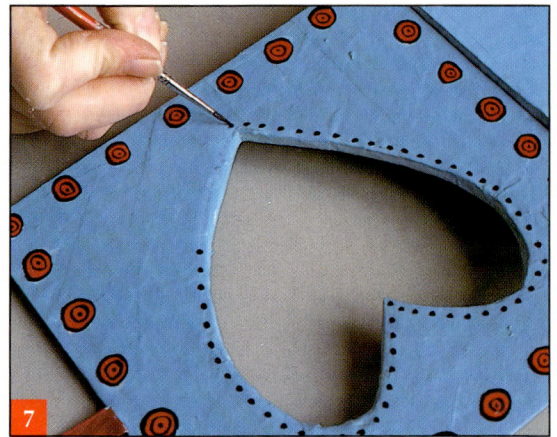

6 Reibe das zusätzliche Papiermaché mit Sandpapier glatt, und grundiere deinen Rahmen zweimal mit weißer Farbe, wobei die erste Schicht vor dem Auftragen der zweiten trocken sein sollte. Alles gut trocknen lassen.

7 Zeichne mit Bleistift ein Dekor auf den Rahmen, und male es farbig aus. Vergiß nicht, auch die Rückseite zu bemalen. Laß die Farbe vier Stunden trocknen, und zeichne dann die Konturen mit schwarzer Tusche nach. Laß den Rahmen über Nacht trocknen, und lackiere ihn dann zweimal mit Klarlack.

8 Schneide das schwarze Filzstück mit der Schere auf die Größe des Rahmes zurecht. Bestreiche es mit Leim, und klebe es vorsichtig innen auf die Rückseite, so daß es die Enden des schmalen Bändchens bedeckt. Laß deinen Rahmen über Nacht trocknen, bevor du ihn in Gebrauch nimmst.

FESTSCHMUCK

In diesem Kapitel werden Bastelarbeiten aus Papiermaché für festliche Anlässe vorgestellt. Der Weihnachtsschmuck ist bunt und lustig, und du kannst ihn in verschiedenen Größen herstellen. Zum Beispiel sieht das Rotkehlchen auch bei vielfacher Vergrößerung der Schablone gut aus, wenn es an einem Band aufgehängt wird. Andere Formen eigenen sich gut als Wandschmuck – Glocken und Stechpalmen- oder Tannenzweige. Vielleicht möchtest du den Baumschmuck auch lieber mit Gold- oder Silberfolie oder buntem Stanniolpapier beziehen, als Glanzlichter für den Weihnachtsbaum.

Osterhasen und -eier lassen sich um Knetmasse herum formen, die nach dem Trocknen des Papiermachés wieder entfernt wird. Du könntest eine Öffnung unten im Osterhasen lassen und ihn mit Süßigkeiten als Extraüberraschung füllen, wie es in manchen Ländern Brauch ist. Und wie wäre es mit einem nach derselben Methode hergestellten Osterküken, das dem Osterhasen Gesellschaft leistet?

Ostereier lassen sich in verschiedenen Größen anfertigen. Wer besonders viele davon basteln will, für den lohnt sich die Anschaffung besonderer Eierformen aus Metall (die sind eigentlich zur Herstellung von Schokoladeneiern gedacht), wenn man keine Knetmasse verwenden möchte. Falls du eine Metallform wählst, vergiß nicht, sie zuerst mit Vaseline einzufetten.

Weihnachtsschmuck

Diese farbenfrohen Motive sind ein besonders auffälliger Christbaumschmuck, doch nicht nur das; sie sorgen in der ganzen Wohnung für eine festliche Stimmung und kommen auch an einem Fenster gut zur Geltung.

Wenn du sie bemalt und lackiert hast, kannst du sie außerdem mit Pailletten oder Glitzersteinen verzieren, damit sie besonders schön funkeln.

DAS BRAUCHST DU

Pauspapier • dünne Pappe, etwa 25 cm × 26 cm für jedes Teil • Schere • Kleister oder wasserverdünnten Buchbinderleim • Papier • feines Sandpapier • Plakafarben • schwarze Tusche • glänzenden oder matten Klarlack • Stopfnadel • Buchbinderleim (unverdünnt) • kleine Metallösen, je eine pro Motiv • für jedes Motiv ein Stück dünne farbige Schnur, 20 cm lang

SCHABLONEN FÜR WEIHNACHTSSCHMUCK *(dünne Pappe)*

SCHLEIFE

STERN

ROTKEHLCHEN

Anleitung für den Weihnachtsschmuck

1 Pause die Motive aus dem Buch ab, und übertrage sie auf die dünne Pappe. Schneide sie mit der Schere aus. Grundiere alle Teile mit wasserverdünntem Buchbinderleim, und laß sie etwa vier Stunden auf einem Kuchengitter trocknen. Wenn sie getrocknet sind, beziehe sie mit eingekleisterten 1 cm breiten und etwa 5 cm langen Papierstreifen.

2 Beziehe jedes Teil mit drei Schichten Papiermaché, und lege sie 24 Stunden lang zum Trocknen auf ein Kuchengitter.

3 Wenn die Teile trocken sind, reibe sie mit feinem Sandpapier glatt, und grundiere sie zweimal mit weißer Farbe; laß die erste Schicht richtig trocknen, bevor du die zweite aufträgst. Vier Stunden lang trocknen lassen.

4 Zeichne Muster oder Motive mit Bleistift auf die Objekte, und male sie farbig aus. Wahrscheinlich brauchst du zwei Farbaufträge, um die weiße Farbe ganz zu überdecken.

5 Laß die Farbe vier Stunden trocknen, dann ziehe die Konturen mit schwarzer Tusche nach, und hebe die Details hervor. Laß alles über Nacht gründlich trocknen.

6 Wenn der Festschmuck durch und durch trocken ist, kannst du ihn zweimal mit Klarlack versiegeln. Laß die erste Schicht vor dem Auftragen der zweiten erst völlig antrocknen. Vergiß nicht, wie immer am Ende jedes Arbeitsgangs den Pinsel mit Wasser und Seife auszuwaschen.

7 Wenn der Lack trocken ist, bitte einen Erwachsenen, dir dabei zu helfen, oben in die Figuren mit einer Stopfnadel ein Loch zu stechen. Gib einen Klecks Buchbinderleim in jedes Loch, und stecke die Metallösen möglichst weit in die Löcher. Achte darauf, daß die Ösen gerade stehen und nicht an der Seite wieder herauskommen. Laß die Teile ein paar Stunden liegen, bis der Leim trocken ist. Jetzt brauchst du nur noch dünne Schnur oben durch die Öse zu fädeln und zu verknoten. Binde jede Schnur zu einer Schlaufe, und hänge den Schmuck an den Weihnachtsbaum.

Ostereier

Diese Ostereier werden auf die gleiche Art angefertigt wie der Osterhase, nämlich mit Modelliermasse als Stützform. Man braucht ein Stück dünne Pappe für einen zusätzlichen Innenrand, der die beiden Hälften zusammenhält.

Wenn du die Eier zu Ostern verschenken willst, möchtest du sie ja eventuell mit kleinen Überraschungen füllen – etwa mit Glücksbringern oder Süßigkeiten?

Anleitung für die Ostereier

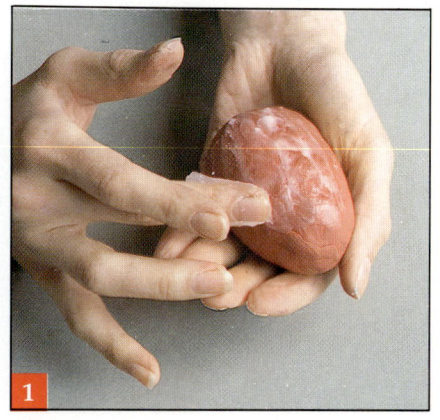

1 Teile für jedes Ei von der Modelliermasse Brocken von der Größe ab, die du voraussichtlich brauchst. Knete jeden einzelnen mit den Händen geschmeidig, und forme dann die Eiform daraus. Füge nach Bedarf etwas Knetmasse dazu, oder nimm etwas weg. Zuletzt werden die Eier mit Vaseline eingerieben.

2 Reiß das Papier in briefmarkengroße Stückchen, und beklebe die Eier damit. Versuche, sie glatt auf die Modelliermasse aufzubringen. Beziehe jedes Ei mit acht Schichten Papiermaché, und laß es drei Tage an einem warmen Ort trocknen.

3 Wenn sich das Papiermaché trocken anfühlt, bitte einen Erwachsenen darum, das Ei für dich in zwei Hälften zu schneiden. Es ist am einfachsten, für den ersten Schnitt einen Cutter zu nehmen, um durch das Papiermaché bis zur Knetmasse zu schneiden. Dann kann man mit einem Sägemesser (zum Beispiel einem Brotmesser) den Rest durchtrennen.

5 Faß die Schnittkanten der Papier-
eierhälften mit kleinen Papierstreifen
(etwa 1 cm × 5 cm) ein. Eine Schicht ist
hierfür völlig ausreichend. Laß die
beiden Schalen über Nacht auf einem
Kuchengitter an einem warmen Ort
trocknen.

4 Laß die aufgeschnittenen Eier etwa
eine Stunde auf einem Kuchengitter
trocknen, und löse dann mit einem
Palettenmesser vorsichtig die Modelliermasse von den Wänden der Papierschalen.

6 Reibe die Hälften vorsichtig innen
und außen glatt, und grundiere beide
Seiten mit zwei Schichten weißer Farbe,
wobei die erste Schicht zuvor gründlich trocknen muß.

7 Zeichne deine Muster auf die Außenseite der bemalten Schalen, und male sie farbig aus. Wahrscheinlich brauchst du zwei Farbaufträge, um einen satten Farbton zu erzielen.

8 Laß die Farbe vier Stunden trocknen, und ziehe die Konturen dann mit schwarzer Tusche nach. Laß die Eier über Nacht trocknen.

9 Lackiere jede Eierschale zweimal mit glänzendem Klarlack. Bringe den Lack jeweils auf einer Seite auf, und laß ihn trocknen, bevor du die andere Seite lackierst. Laß die erste Schicht vor dem Auftragen der zweiten gut antrocknen.

10 Miß die Innenkante jeder Eihälfte ab. Schneide ein entsprechend langes Stück aus dünnem Karton etwa 12 mm breit zu. Bestreiche den Karton mit Alleskleber, und trage eine dünne Linie desselben Klebers auf die Innenkante einer der Eierschalen. Laß den Kleber auf beiden Flächen etwas antrocknen, und drücke den Karton entlang der Innenseite der Eierschale fest an. Die Enden des Streifens sollten exakt aufeinanderstoßen.

11 Wenn die Eier durch und durch getrocknet sind, können sie zusammengeklebt werden.

11

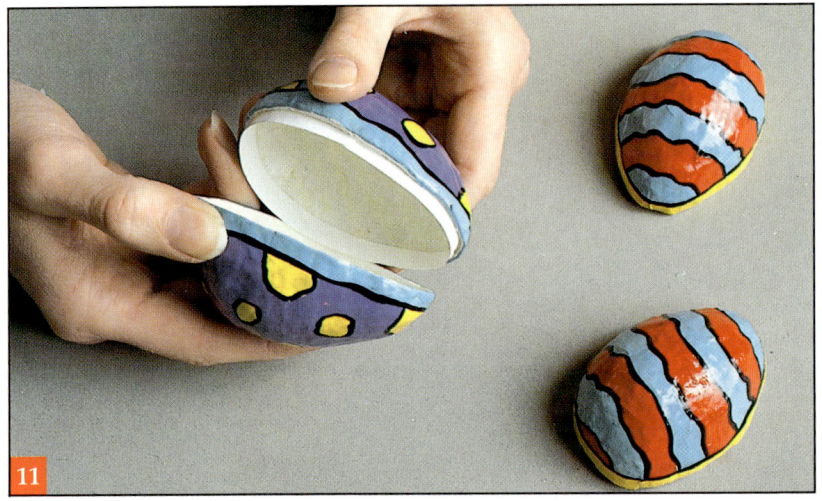

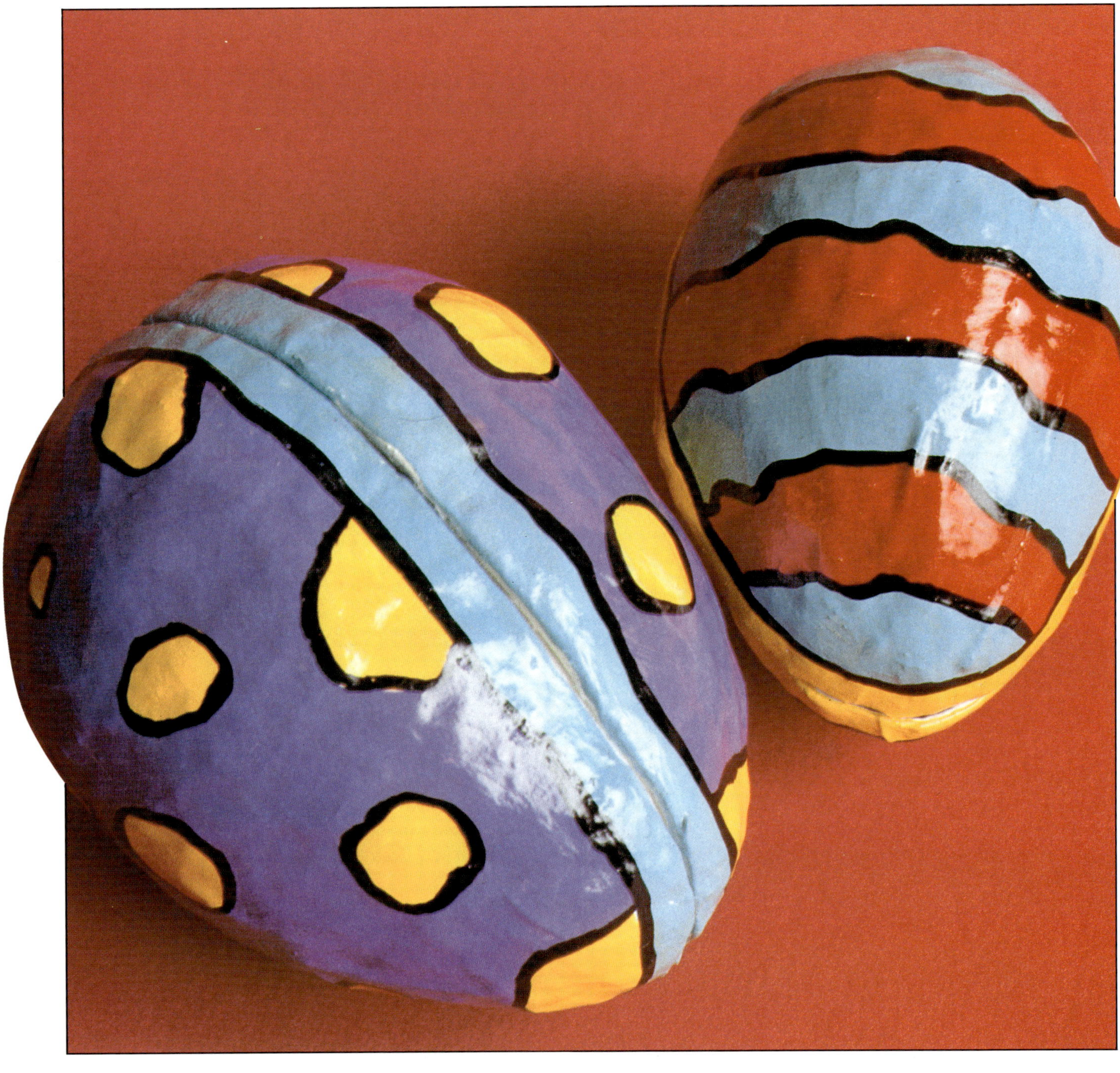

Osterhase

Diesen Osterhasen macht man aus Modelliermasse, halbiert ihn und fügt ihn mit kleinen Papierstreifen wieder zusammen. Vor dem Zusammensetzen wurde er innen weiß bemalt, denn er ist unten offen, so daß man ihn mit Süßigkeiten füllen kann. In manchen Ländern werden die Süßigkeiten in Papiermachéspielzeug eingeschlossen, das man zertrümmern muß, um an sie heranzukommen. Aber es wäre doch eine Schande, diesem hübschen Osterhasen den Garaus zu machen, nachdem man ihn so liebevoll bemalt hat!

Anleitung für den Hasen

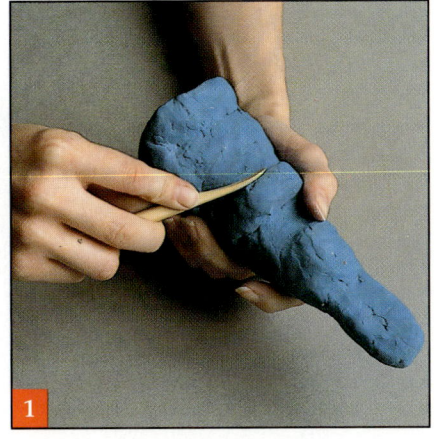

1

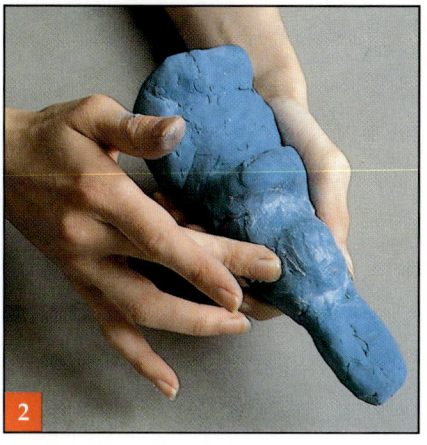

2

1 Rolle die Knetmasse eine Weile zwischen den Händen, bis sie schön geschmeidig ist, und forme daraus einen Block von 20 cm × 7,5 cm × 7,5 cm. Verwende Töpferwerkzeug (oder auch Küchenutensilien), um die Hasenform herauszuarbeiten. Unser Hase hat eine sehr schlichte Form, aber du könntest ihn auch aufwendiger gestalten, wenn du magst.

2 Bestreiche die Knetmasse dünn und gleichmäßig mit Vaseline.

3

3 Wenn du mit der Form des Osterhasen zufrieden bist, reiß das Papier in briefmarkengroße Stückchen, und beklebe ihn damit. Achte darauf, daß sich das Papier glatt an den Hasen schmiegt und daß jede Schicht komplett ist, bevor du die nächste aufbringst. Es empfiehlt sich, zweierlei farbiges Papier zu verwenden, damit man die Farben mit jeder Schicht abwechseln kann. Beziehe den Hasen mit insgesamt acht Schichten Papiermaché, und laß ihn an einem warmen Ort mindestens zwei Tage trocknen.

DAS BRAUCHST DU

Modelliermasse • Töpferwerkzeug o.ä. • Papier • Vaseline • Kleister oder wasserverdünnten Buchbinderleim • Cutter • Sägemesser • Palettenmesser • Kreppband • Schere • Buchbinderleim (unverdünnt) • feines Sandpapier • Plakafarben • schwarze Tusche • glänzenden oder matten Klarlack

4 Wenn sich das Papiermaché trocken anfühlt, zeichnest du mit Bleistift eine Mittellinie von vorn bis hinten. Bitte dann einen Erwachsenen, den Hasen für dich durchzuschneiden: zuerst mit einem Cutter durch das Papiermaché und dann ganz durch mit einem Sägemesser, etwa einem Brotmesser.

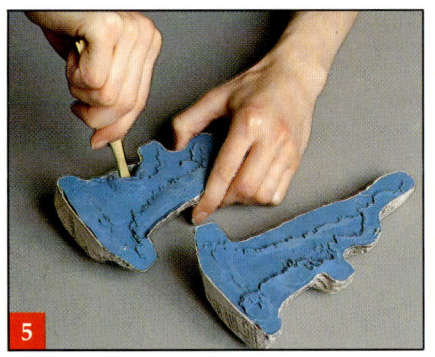

5 Leg die geöffneten Hasenhälften auf ein Kuchengitter. Laß die Kanten eine Stunde lang hart werden, und löse dann mit einem dünnen Palettenmesser die Knetmasse von den Rändern der Papierschalen. Hebel die Modelliermasse aus den Hälften heraus, und laß das Papiermaché über Nacht auf einem Kuchengitter trocknen.

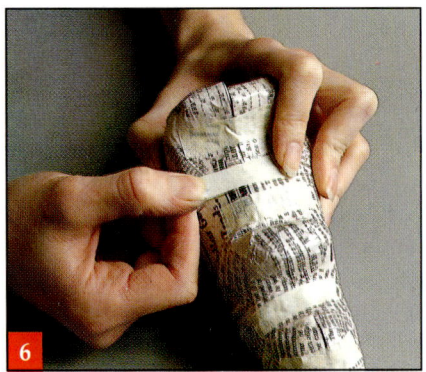

6 Klebe die beiden Hälften mit Kreppband zusammen. Achte darauf, daß sie genau zusammenpassen, und zeichne auf die Unterseite ein Oval.

7 Nimm die Klebestreifen ab, und schneide mit der Schere das Oval aus. Entferne die letzten Krümel der Knetmasse, und bemale die Innenseiten zweimal mit weißer Farbe, wobei die erste Schicht vor dem Auftragen der zweiten trocknen muß.

8 Wenn die Innenseiten trocken sind, bestreiche die Schnittkanten beider Hälften mit unverdünntem Buchbinderleim. Füge die beiden Hälften paßgenau zusammen, und sichere sie mit Kreppband. Laß den Hasen zwei Stunden lang auf einem Kuchengitter trocknen. Beziehe ihn komplett mit zwei Schichten kleiner Papierstreifen, und faß auch die Kanten des Ovals auf der Unterseite mit ein. Jetzt muß der Hase über Nacht auf einem Kuchengitter trocknen.

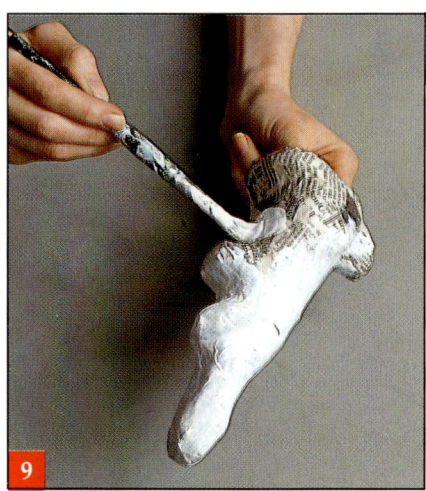

9 Reib die Oberfläche des Hasen mit feinem Sandpapier glatt, und grundiere ihn zweimal mit weißer Farbe, wobei die erste Schicht getrocknet sein muß, bevor du die zweite aufträgst. Vergiß nicht, auch die Innenkante der Bodenöffnung zu übermalen.

Bemalung des Hasen

10 Wenn die weiße Farbe trocken ist, zeichne das Muster mit Bleistift auf den Hasen, und male es farbig aus. Wahrscheinlich mußt du zwei Farbschichten auftragen, um einen satten Farbton zu erzielen. Laß die Farbe vier Stunden trocknen, dann ziehe mit schwarzer Tusche die Konturen nach. Laß den Hasen über Nacht trocknen.

11 Überziehe den Hasen zweimal mit Klarlack. Laß die erste Schicht trocknen, bevor du die zweite aufträgst. Vergiß nicht, deine Pinsel mit Wasser und Seife zu reinigen, wenn du fertig bist. Nach dem Trocknen kann der Hase schließlich mit Süßigkeiten gefüllt werden.

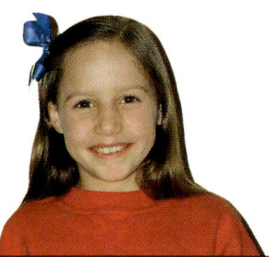

TIP

Wenn dir beim Malen mit der Tusche ein Fehler unterläuft, ist das kein Problem: Laß die Tusche trocknen, und übermale sie mit weißer Farbe. Sobald die weiße Farbe trocken ist, hast du einen zweiten Versuch frei, es nochmal mit bunter Farbe und Tusche zu probieren.

SPIELZEUG

Papiermaché ist ein ideales Material für Spielzeug, denn es ist so vielseitig – mit etwas Geschick kann man fast alles daraus basteln. In diesem Teil findest du Anleitungen für einen Gliederelefanten, Masken, ein Mobile und Handpuppen. Du kannst auch Figuren aus deinen Lieblingsbüchern nachbauen oder mit den Masken eine Kostümparty bereichern. Führe ein Puppenspiel in der Schule auf – bitte deine Freunde, kurze Stücke und Sketche zu schreiben, und spiele sie dann mit eigens dafür gefertigten Handpuppen nach.

Es macht auch großen Spaß, Puppen aus Papiermaché herzustellen. Du kannst sie über Knetmasse modellieren, so wie den Osterhasen im Kapitel »Festschmuck«, entweder unbeweglich und aus einem Stück, oder man bastelt Arme und Beine gesondert und fügt die Glieder mit Gummiband an den Rumpf.

Beweglicher Elefant

An diesem hübschen Elefanten lassen sich Beine, Ohren und Schwanz bewegen. Der Rumpf besteht aus dicker Pappe; dünnere Pappe wurde für die beweglichen Teile verwendet, die mit Musterbeutelklammern fixiert sind. Dank dieser Klammern, die im Schreibwarenladen zu haben sind, schlenkern die Glieder dieses Elefanten lustig hin und her.

DAS BRAUCHST DU

Pauspapier • dicke Pappe • dünne Pappe • Schere • Cutter • Kleister oder wasserverdünnten Buchbinderleim • Papier • feines Sandpapier • Lochzange • 7 Musterbeutelklammern • Kreppband • Plakafarben • schwarze Tusche • Klarlack

SCHABLONEN FÜR ELEFANT *(dicke und dünne Pappe)*

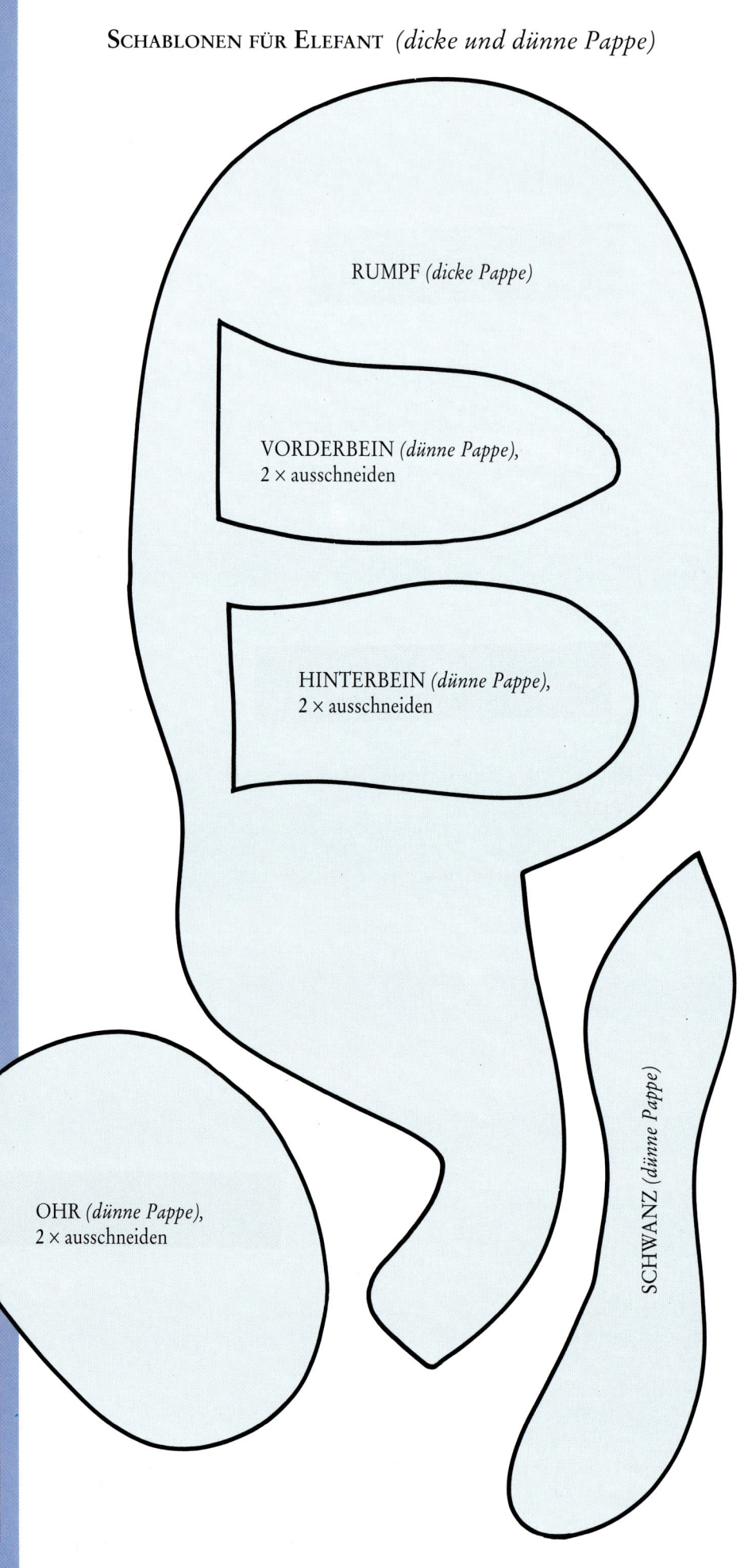

RUMPF *(dicke Pappe)*

VORDERBEIN *(dünne Pappe)*, 2 × ausschneiden

HINTERBEIN *(dünne Pappe)*, 2 × ausschneiden

OHR *(dünne Pappe)*, 2 × ausschneiden

SCHWANZ *(dünne Pappe)*

Anleitung für den Elefanten

1 Pause die Elefantenteile ab, und übertrage sie auf die Pappe. Vergiß nicht, für den Rumpf dicke und für die beweglichen Teile dünne Pappe zu nehmen. Schneide die kleinen Teile mit der Schere aus. Bitte einen Erwachsenen, dir beim Schneiden der dickeren Pappe zu helfen, da der Cutter sehr scharf ist.

2 Wenn alle Teile ausgeschnitten sind, überziehe sie mit verdünntem Buchbinderleim, damit sie sich nach dem Aufbringen des Papiermachés nicht wellen. Laß die Teile vier Stunden auf einem Kuchengitter trocknen.

3 Reiß dein Papier in dünne, kurze Streifen von etwa 1 cm × 7 cm Größe, und beziehe die Pappteile mit insgesamt drei Schichten Papiermaché. Laß sie über Nacht auf einem Kuchengitter trocknen. Arbeite an den Rundungen besonders sorgfältig.

4 Wenn die Formen trocken sind, glätte sie mit feinem Sandpapier, und grundiere sie zweimal mit weißer Farbe, wobei die erste Schicht zuvor Zeit zum Trocknen braucht.

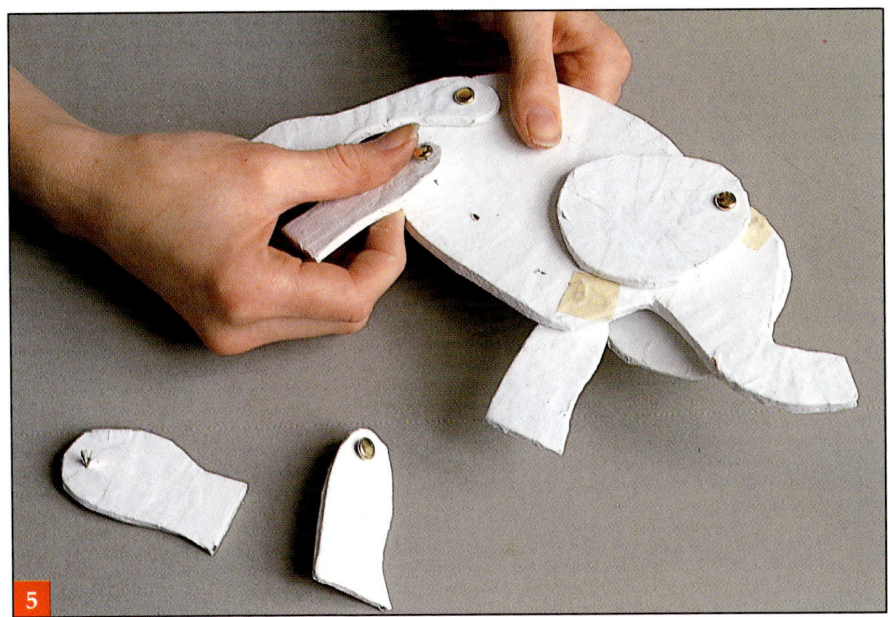

5 Befestige die Beine, die Ohren und den Schwanz mit Musterbeutelklammern am Rumpf. Damit die Arme der Klammern durch die Pappe passen, mußt du kleine Löcher am oberen Rand jedes beweglichen Teils durchstoßen. Bitte dafür eventuell einen Erwachsenen um Hilfe. Stecke dann die Arme der Klammern jeweils durch ein kleines Loch. Die Löcher müssen so groß sein, daß sich die Klammern lokker darin hin- und herdrehen lassen. Bitte einen Erwachsenen, im Elefantenrumpf ähnliche Löcher zu machen. Du brauchst insgesamt sieben solcher Löcher: eins für jedes Bein und jedes Ohr und eins für den Schwanz. Achte darauf, daß manche Klammern von der Vorder- zur Rückseite gehen und manche genau andersherum, aber du kannst sie zum Schluß alle zu einer Seite drehen.

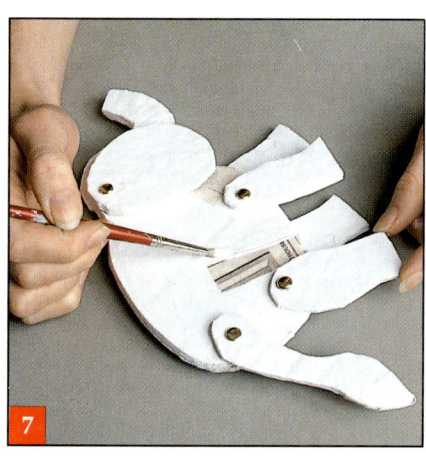

6 Wenn alle Klammern auseinandergebogen sind, beklebe sie von hinten mit Kreppband. Beziehe das Kreppband mit Papiermachéstreifen, und laß deinen Elefanten aufrecht stehend über Nacht trocknen.

7 Wenn das Papiermaché trocken ist, reibe es vorsichtig mit Sandpapier ab, und überziehe den Elefanten zweimal mit weißer Farbe. Die erste Schicht muß vor dem Auftragen der zweiten trocken sein.

TIP

Trockne deine Objekte an einem gut belüfteten Ort, aber setze sie nicht direkter Hitze aus.

Aufmalen des Dekors

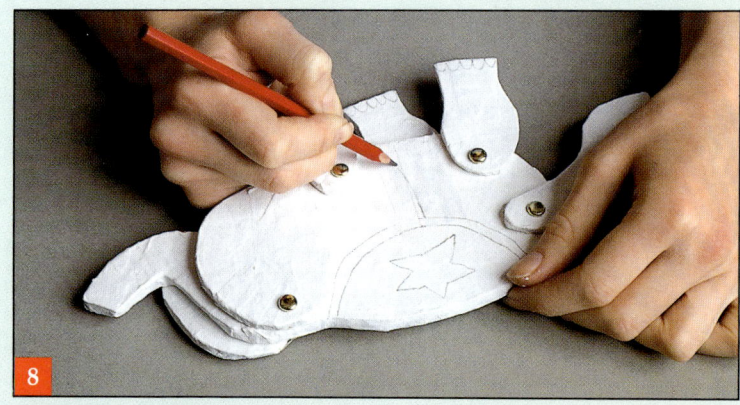

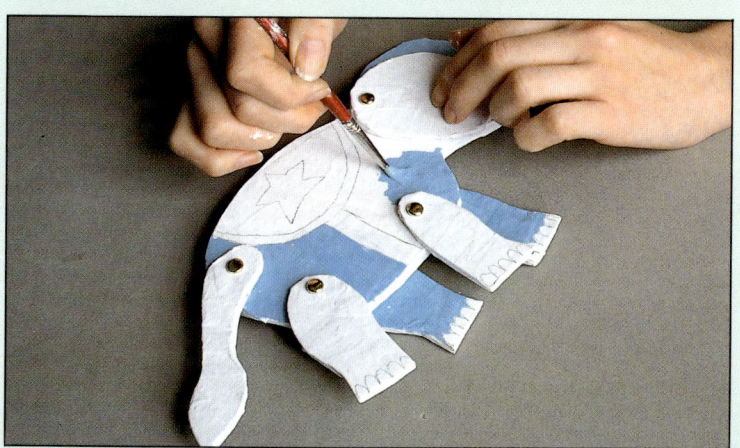

8 Zeichne dem Elefanten Zehennägel, Stoßzähne, Augen und die Decke auf, und male sie mit Plakafarben aus. Du mußt die Teile leicht bewegen, damit du den Elefanten überall bemalen kannst. Wahrscheinlich mußt du unter den Ohren und Beinen mehrmals malen. Natürlich muß auch die Rückseite dekoriert werden.

9 Nach dem Bemalen laß deinen Elefanten vier Stunden trocknen, und zeichne dann die Konturen und Details mit schwarzer Tusche auf. Über Nacht trocknen lassen. Lackiere ihn dann zweimal mit Klarlack, wobei die erste Lackschicht vor dem Auftragen der zweiten trocknen muß. Beim Lackieren der Glieder ist darauf zu achten, daß sie nicht am Rumpf festkleben. Reinige deinen Pinsel am Ende gründlich mit Wasser und Seife.

Maske

Ganz einfach läßt sich eine Maske über einem Luftballon modellieren. Halbiert erhält man zwei Papiermachéschalen mit einer schönen ovalen Form, die man entweder nur bemalt oder als Basis für ein Gesicht mit Teilen aus Pappe, Draht usw. nimmt.

Die hier abgebildete Maske wurde ganz einfach mit Augenbrauen, einer Brille und einer Nase aus Pappe verziert. Außerdem wurden Ohren angesetzt, und aus Kunstpelz entstanden die Koteletten und die buschigen Augenbrauen.

DAS BRAUCHST DU

Bandmaß • Luftballon • Vaseline • Papier • Kleister oder wasserverdünnten Buchbinderleim • Bindfaden • Schere • kleine Stückchen dünner Pappe • transparenter Alleskleber • Kreppband • feines Sandpapier • Plakafarben • schwarze Tusche • glänzenden oder matten Klarlack • Kunstpelz, Wattebäusche, Bindfaden, Wolle, Filzstücke o.ä. für Haare und Bart • Stopfnadel oder Lochzange • Gummischnur • Pauspapier

Anleitung für die Maske

1 Miß dein Gesicht jetzt genau aus: Setze 2,5 cm über dem Haaransatz an, und miß bis 2,5 cm über dein Kinnende hinaus. Puste den Luftballon auf – vielleicht kann dir ein Erwachsener dabei helfen – bis er etwas länger ist als das Maß, das du eben vom Gesicht abgenommen hast. Knote den Ballon fest zu, damit keine Luft entweichen kann, und fette ihn rundum dünn mit Vaseline ein. Dann läßt sich die Papiermachéhülle nach dem Trocknen leichter vom Ballon ablösen, und die Papierform schrumpft auch nicht mit, falls der Ballon etwas kleiner werden sollte. »Parke« den Ballon zum Bekleben in einer leeren Schüssel.

2 Reiß dein Papier in 2,5 cm breite und 25 cm lange Streifen, und beklebe deinen Ballon damit.

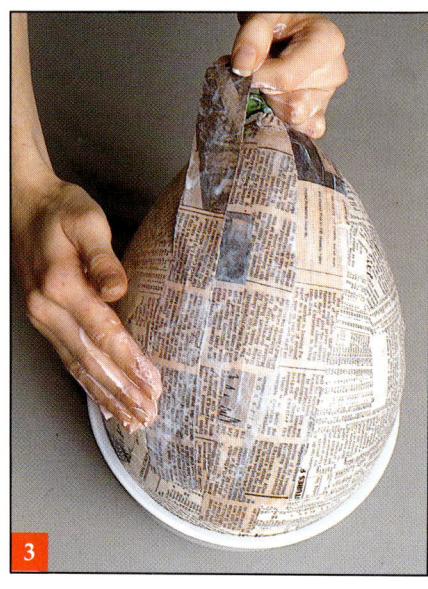

3 Am besten nimmst du abwechselnd Papier in verschiedenen Farben, damit du weißt, wann eine Schicht komplett ist. Wenn du den Ballon mit acht Papiermachéschichten bezogen hast, binde einen Faden ans Ende, und hänge ihn an einem warmen Ort auf. Es dauert gewiß drei Tage, bis er völlig trocken ist.

4 Wenn sich das Papiermaché trocken anfühlt, stich mit einer Nadel durch die Papierschicht. Dann ziehe den geplatzten Ballon heraus. Zeichne der Länge nach eine Mittellinie auf. Bitte einen Erwachsenen, dir beim Aufschneiden entlang der Linie zu helfen.

5 Nimm eine der beiden Papier-hälften für eine Maske. Du mußt die Öffnungen für Mund und Augen von innen anzeichnen. Am besten geht das, wenn du dir Lippenstift aufträgst, die Papierschale vor das Gesicht hältst und – wenn sie gut sitzt – »hinein-küßt«. Der Lippenstift hinterläßt einen deutlichen Abdruck an der Stelle für die Mundöffnung, die du dann knapp oder großzügig – ganz nach Wunsch – ausschneiden kannst.

7 Jetzt lege Brillen-, Nasen- und Augenbrauenteile auf die Maske, und klebe sie mit Alleskleber fest. Sichere sie mit Kreppband, während der Kleber trocknet.

8 Beziehe die zusätzlichen Pappteile nach dem Trocknen mit zwei Schichten Papiermaché. Faß die Schnittkanten der Mundöffnung ein, eventuell auch die Ränder der Augenlöcher, falls sie groß genug sind. Auch die Außenkante der Maske wird eingefaßt. 24 Stunden trocknen lassen.

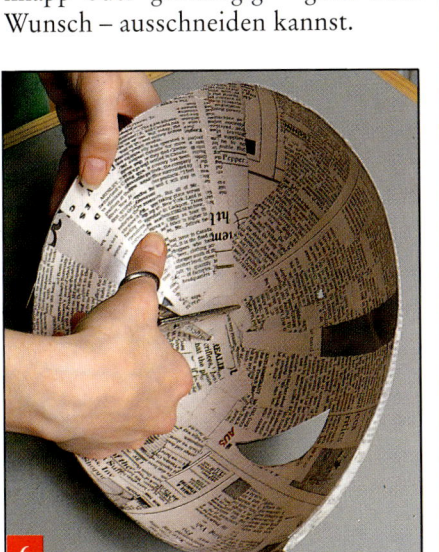

6 Um die richtigen Stellen für die Augenlöcher zu finden, miß zwischen den Augen in gerader Linie vom oberen Rand der Unterlippe bis zum oberen Ende der Nase. Trage diese Abmessung auf der Innenseite der Maske ein, ausgehend vom Lippenstiftabdruck. Jetzt miß jeweils von der Nase bis zum Mittelpunkt jedes Auges. Trage diese Abmessungen ebenfalls in der Maske ab. Bohre ein kleines Loch dort, wo der Augenmittelpunkt angezeichnet ist. Falls du richtig gemessen hast, müßtest du nun durchsehen können. Die Augenlöcher kannst du beliebig vergrößern, aber **auf keinen Fall,** während du die Maske vor dein Gesicht hältst.

9 Glätte die Oberfläche der trockenen Maske mit feinem Sandpapier, und grundiere sie zweimal mit weißer Farbe, von innen und von außen, wobei die erste Schicht vor dem Auftragen der zweiten trocknen sollte. Wenn die Farbe trocken ist, zeichne Details auf die Maske.

Bemalung der Maske

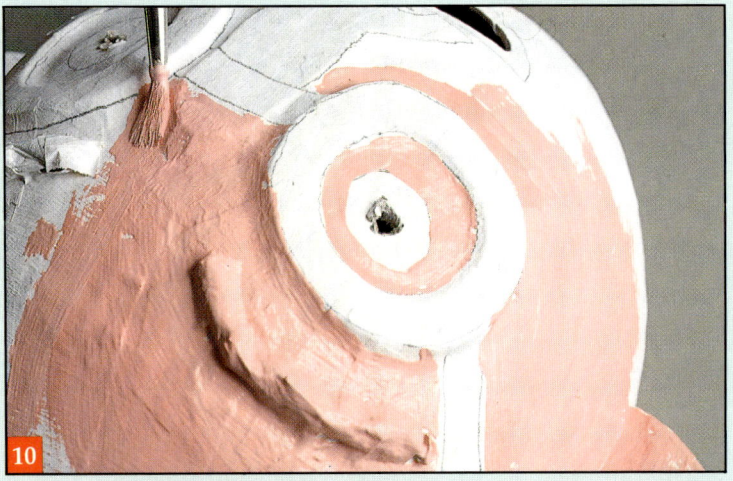

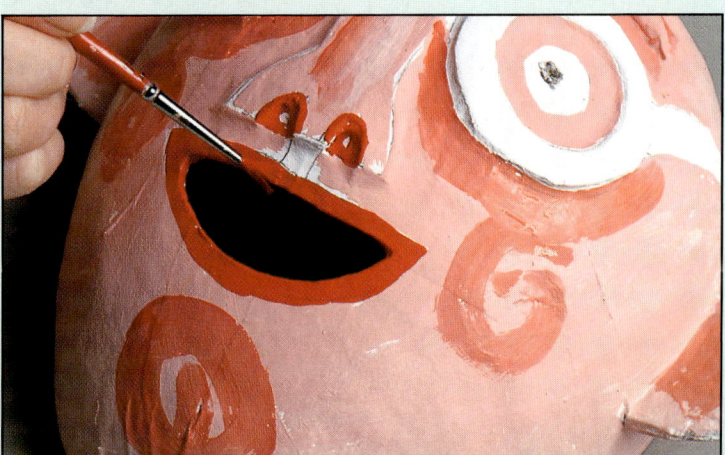

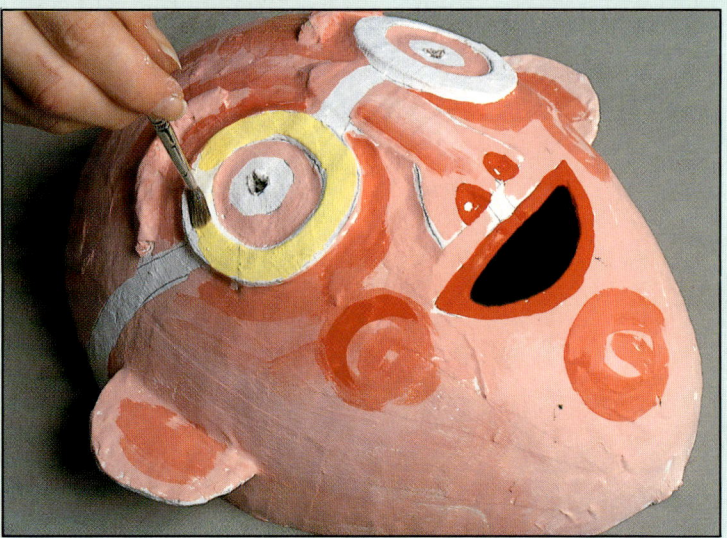

10 Zeichne die Gesichtskonturen mit Bleistift vor, und male sie bunt aus. Du kannst die Gesichtszüge entweder realistisch gestalten oder deiner Phantasie bei gruseligen oder bezaubernden Gesichtern freien Lauf lassen.

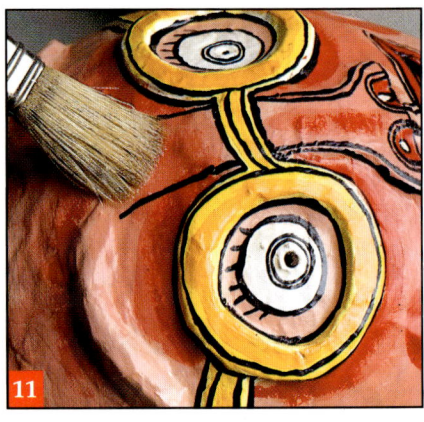

11 Laß die Farbe etwa vier Stunden trocknen. Zeichne die Konturen mit schwarzer Tusche nach, und laß die Maske über Nacht trocknen. Lackiere sie dann zweimal mit Klarlack, wobei die erste Schicht vor dem Auftragen der zweiten richtig trocknen sein muß. Denk daran, deinen Lackpinsel am Ende mit Wasser und Seife auszuwaschen.

12 Wenn der Lack getrocknet ist, kannst du Haar- und Bartteile aufkleben. Dafür kannst du unterschiedliche Materialien nehmen, wie zum Beispiel Kunstpelz, Baumwollfaden, Kordel, Wolle, Watte und Filz. Verwende hierfür Alleskleber; dann laß die Maske über Nacht trocknen. Jetzt brauchst du nur noch die Gummischnur an der Maske zu befestigen: Halte sie dir vors Gesicht, und bitte einen Freund, dir oberhalb der Ohren auf beiden Seiten eine Stelle zu markieren.

13 Bitte einen Erwachsenen, dir dabei zu helfen, durch beide Stellen ein Loch mit einer Stopfnadel oder Lochzange zu bohren. Vergrößere die Löcher, bis die Gummischnur durchpaßt. Ziehe die Schnur von innen nach außen durch das erste Loch und verknote sie. Wiederhole es mit dem anderen Loch, zieh die Schnur stramm, und verknote sie. Schneide das überstehende Stück Schnur ab. Nun kannst du die Maske tragen.

Monster-helm

Wie die andere Maske wird auch dieser Helm über einem Luftballon modelliert, doch wird die fertige Papierhülle quer und nicht längs aufgeschnitten, so daß man sie sich wie einen Helm auf den Kopf setzen kann. Dem Monster wachsen seltsame goldene Hörner aus dem Kopf, und es hat sieben Augen, aber es wirkt eher komisch als unheimlich. Für die goldenen Hörner wurden leere Garnspulen verwendet, du kannst aber auch welche aus eingerolltem Karton basteln.

DAS BRAUCHST DU

Bandmaß • Luftballon • Vaseline • Papier • Kleister oder wasserverdünnten Buchbinderleim • Bindfaden • Schere • Cutter • Buchbinderleim (unverdünnt) • 6 leere Garnspulen oder aus Karton gerollte Kegel • Kreppband • feines Sandpapier • Plakafarben • schwarze Tusche • nichtgiftige Goldbronze • Klarlack

Anleitung für den Monsterhelm

1 Miß deinen Kopfumfang in Augenhöhe. Puste den Luftballon auf – vielleicht läßt du dir dabei von einem Erwachsenen helfen –, bis er etwas dicker ist als dein Kopf. Binde ihn fest zu, und fette ihn dünn mit Vaseline ein. Stelle ihn in eine leere Schüssel.

2 Reiß das Papier in 2,5 cm breite und 25 cm lange Streifen, und beklebe den Ballon mit acht Schichten Papiermaché. Falls möglich, verwende abwechselnd zwei verschiedene Papierfarben, damit du siehst, wenn eine Schicht komplett ist. Befestige einen Bindfaden am Knoten, und hänge den Ballon drei Tage an einem luftigen Ort zum Trocknen auf.

3 Wenn das Papiermaché trocken ist, stich mit einer Stopfnadel in den Ballon, falls er nicht vorher schon geplatzt oder geschrumpft ist; ziehe den geplatzten Ballon unten aus der Papierhülle heraus. Miß in gerader Linie von der Schädelmitte aus bis zu deinem Nasenbein – das ist etwa 2,5 cm unterhalb deiner Augen. Übertrage diese Abmessung vorn auf die Ballonform: Markiere zuerst die obere Ballonmitte, miß von dort gerade herunter (die Länge des Abstands von Schädelmitte bis zur Nase), und markiere die Stelle. Miß immer die gleiche Länge in verschiedenen Richtungen ab, natürlich immer vom selben Ausgangspunkt, bis du eine ganze Reihe von Punkten rund um die Ballonform herum hast. Verbinde die Punkte zu einer Linie, und bitte einen Erwachsenen, dir beim Aufschneiden entlang dieser Markierung zu helfen.

4 Setz dir nun den Papierhelm auf, und halte ihn zwischen Daumen und Zeigefinger direkt vor die Augen. Zeigefinger und Daumen liegen – nur durch die Maske getrennt – genau aufeinander. Bitte jemanden, für dich die Augenposition vorn auf der Maske zu markieren. Zeichne zwei Augenformen auf. Bitte einen Erwachsenen, dir beim Ausschneiden dieser Löcher mit dem Cutter zu helfen. Du darfst **niemals** die Löcher ausschneiden, während du die Maske trägst. Verteile die etwa 10 cm langen »Hörner« gleichmäßig auf dem Helm, und zeichne einen Bleistiftkreis um jeden einzelnen. Bestreiche die Unterseiten der Kegel mit Buchbinderleim, und klebe sie innerhalb der Bleistiftkreise auf dem Helm fest. Fixiere sie mit Kreppband. Laß den Leim ein paar Stunden antrocknen, dann beklebe die Kegel mit zwei Schichten Papiermaché. Die Nahtlinien müssen völlig bedeckt sein.

5 Faß die Augenlochränder und die Unterkante des Helms mit kleinen Papiermachéstückchen ein. Stell den Helm 24 Stunden zum Trocknen auf ein Kuchengitter. Glätte den Helm dann mit Sandpapier, und grundiere ihn zweimal mit weißer Farbe, wobei die erste Farbschicht vor dem Auftragen der zweiten trocken sein muß.

Bemalung des Helms

6 Wenn die Farbe trocken ist, zeichnest du mit Bleistift ein Muster auf, und malst es bunt aus. Die hier abgebildete Maske hat ein sehr schlichtes Dekor, doch eine ganz ausgefallene Bemalung würde sich auch gut ausnehmen. Laß den Helm vier Stunden trocknen, und ziehe dann die Konturen mit schwarzer Tusche nach. Überziehe die Hörner mit Goldbronze, und laß alles mindestens 24 Stunden lang trocknen.

7 Überziehe die Maske zweimal mit Klarlack. Gib acht, daß du dabei nicht die Goldbronze der Hörner verwischst. Die erste Lackschicht muß zuerst trocknen, bevor du die zweite aufträgst. Vergiß nicht, deine Pinsel in warmer Seifenlauge auszuwaschen, wenn du fertig bist.

Mobile

Die Fische in diesem Mobile schwimmen um ein Schnecken- haus herum, das in der Mitte von einem Tragbalken herabhängt. Von jeher erfreuen sich Mobiles bei großen und kleinen Kindern großer Beliebtheit, drehen sich über Wiegen und Kinderbetten. Du brauchst nicht unbedingt Fische für dein Mobile zu nehmen – farbenfrohe geometrische For- men sehen auch ganz toll aus –, aber wahrscheinlich willst du noch etwas Interessanteres basteln. Du mußt vor allem darauf achten, daß alle Teile miteinander harmo- nieren, denn schließlich sollen sie ja im gleichen Mobile hängen.

DAS BRAUCHST DU

Pauspapier • dünne Pappe, etwa 25 cm × 25 cm • dicke Pappe, etwa 25 cm × 25 cm • Schere oder Cutter • Kleister oder wasser- verdünnten Buchbinderleim • Papier • Buchbinderleim (unverdünnt) • Kreppband • feines Sandpapier • ver- schiedene Plakafarben • schwarze Tusche • glänzenden oder matten Klarlack • 6 Metallösen • Stopfnadel • dünne Schnur oder starken Faden, etwa 1,10 m lang

MOBILE-SCHABLONEN *(dicke Pappe und dünne Pappe)*

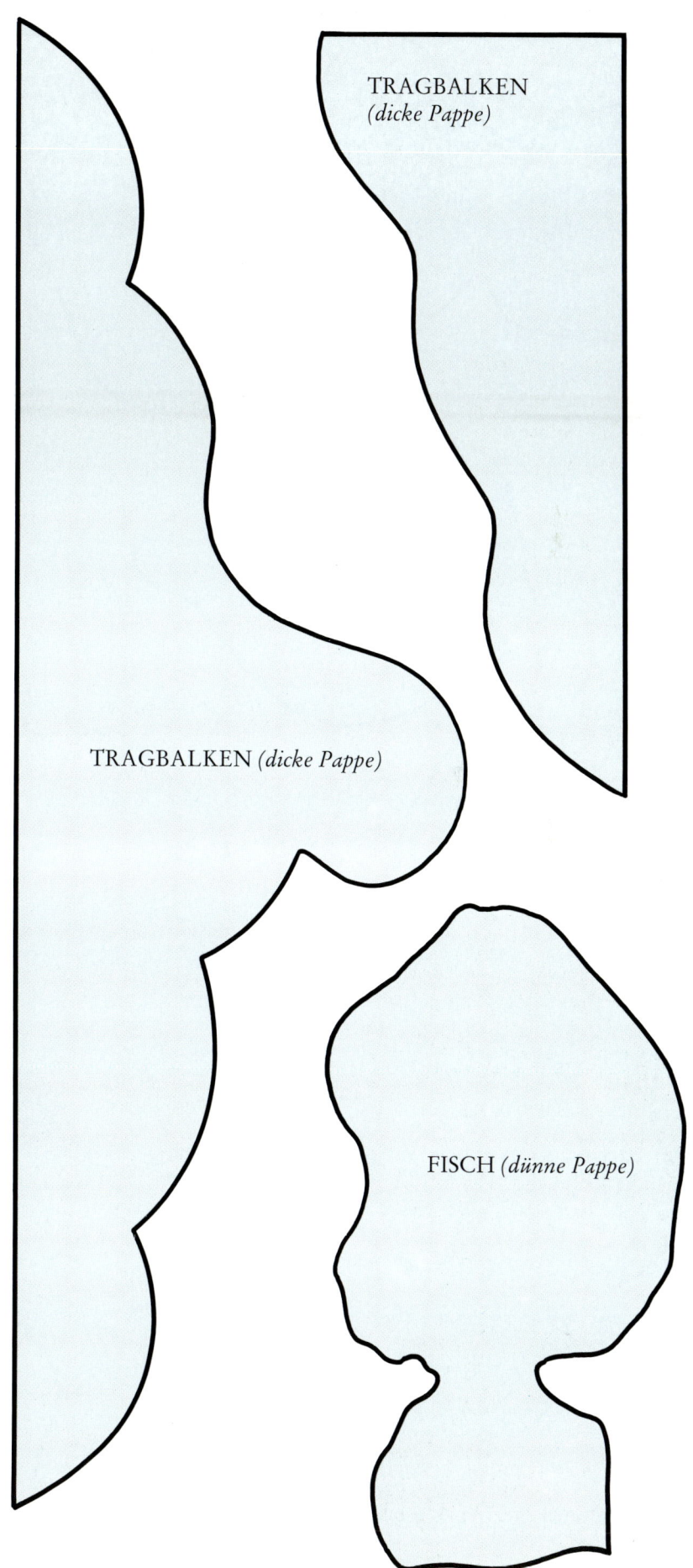

TRAGBALKEN *(dicke Pappe)*

TRAGBALKEN *(dicke Pappe)*

FISCH *(dünne Pappe)*

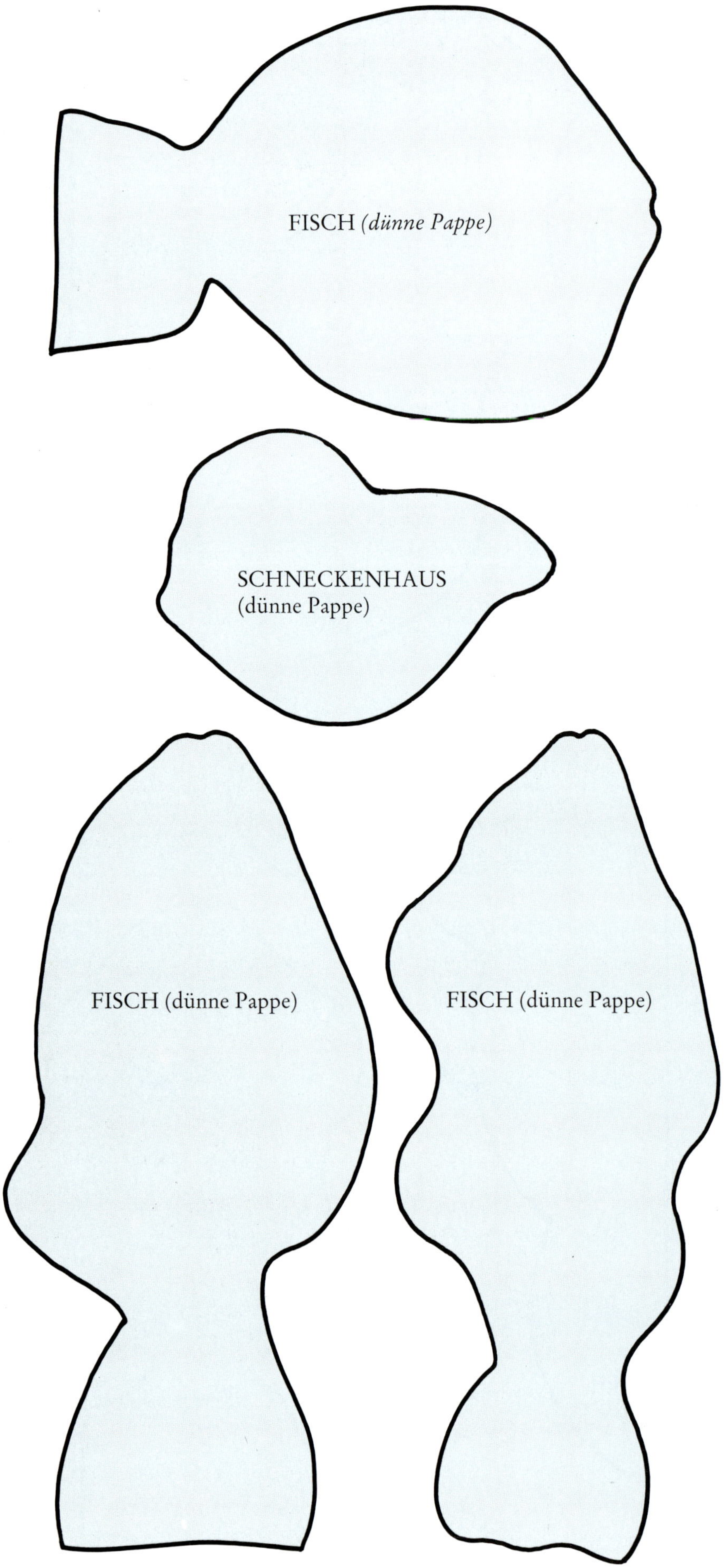

FISCH *(dünne Pappe)*

SCHNECKENHAUS
(dünne Pappe)

FISCH (dünne Pappe)

FISCH (dünne Pappe)

W eil Mobiles in der Luft hängen, bieten sich natürlich fliegende Objekte als Thema an (z.B. Flugzeuge, Insekten, Heißluftballons) oder Himmelskörper (Sonne, Mond und Sterne). Vielleicht handelt es sich bei unserem Mobile um fliegende Fische?

Anleitung für das Mobile

1 Pause Fisch- und Schneckenhausmotive vom Buch ab, und übertrage sie auf dünne Pappe. Die Tragbalkenformen werden auf die dicke Pappe übertragen. Schneide die Teile mit der Schere oder einem Cutter aus. Laß dir eventuell von einem Erwachsenen dabei helfen, denn die Klinge ist sehr scharf. Grundiere jedes Teil mit wasserverdünntem Buchbinderleim, und laß sie alle vier Stunden auf einem Kuchengitter trocknen.

2 Reiß 1 cm × 7 cm große Papierstreifen, und beziehe damit die Pappteile. Drei Schichten pro Fisch genügen. Arbeite die Kanten sauber und glatt, umso hübscher sieht es nachher aus. Beziehe dann das Schneckenhaus und die Tragbalken, und laß alles 24 Stunden auf einem Kuchengitter trocknen.

3 Füge die trockenen Tragbalkenteile wie im Bild zu einem Kreuz zusammen. Streiche die Kanten der beiden kurzen Teile mit unverdünntem Buchbinderleim ein, und klebe sie an den Hauptbalken. Fixiere die Teile anschließend mit Kreppband. Wenn der Leim ein paar Stunden angetrocknet ist, werden die Verbindungslinien mit schmalen Papiermachéstreifen beklebt. Laß das Balkenkreuz 24 Stunden trocknen.

4 Wenn alle Teile trocken sind, reibe sie mit feinem Sandpapier schön glatt, und grundiere sie zweimal mit weißer Farbe; vergiß nicht, daß die erste Schicht trocknen muß, bevor du die zweite aufträgst.

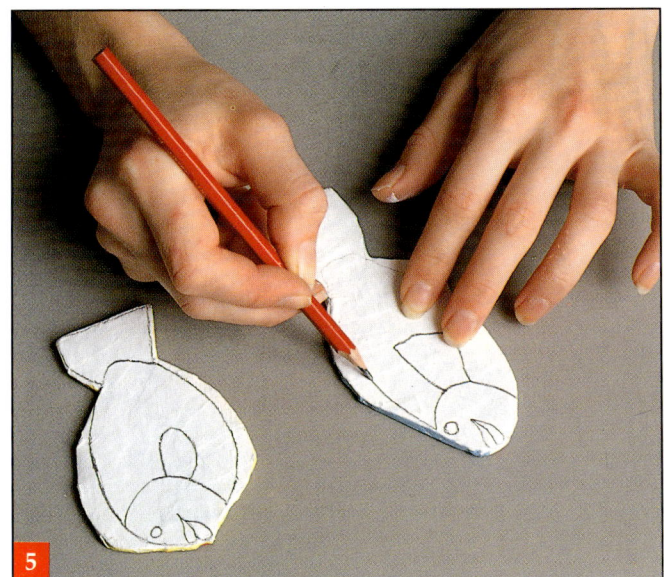

5 Zeichne das Fischmuster mit Bleistift auf die weißen Formen. Bemühe dich, jeden Fisch anders zu gestalten, dann wirkt das Mobile interessanter. Zeichne das Spiralmuster auf die Schneckenhausform, und denke auch an das Schneckenhaus oben auf dem Tragbalken.

6 Bemale die Mobileteile mit bunten Farben. Für einen gesprenkelten Effekt mußt du nacheinander dunklere Töne derselben Farbe auftragen. Jede Schicht muß zunächst trocknen, bevor eine weitere aufgemalt wird.

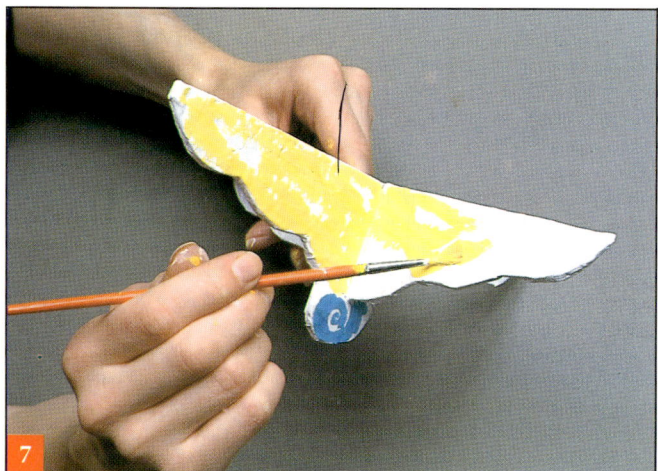

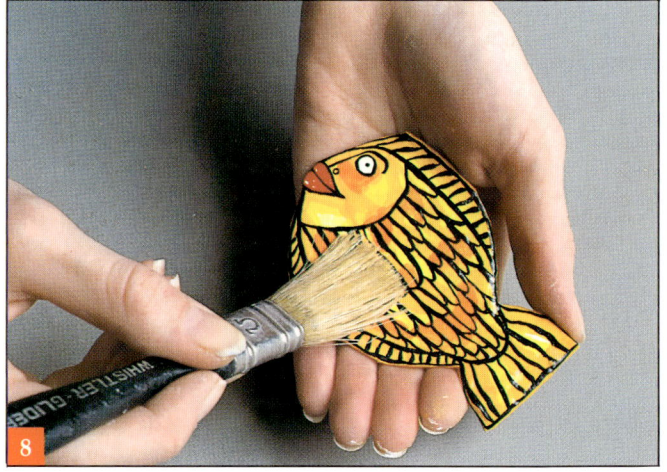

7 Das Balkenkreuz wird in verschiedenen Gelb- und Orangetönen bemalt; wie bei den Fischen und dem Schneckenhaus zuerst in einer helleren Farbe, die anderen *drei* Schichten sind etwas dunkler. Die letzte Schicht ist orangefarben. Laß die Farbe trocknen, dann male mit schwarzer Tusche die Konturen auf.

8 Lackiere die Einzelteile, bevor du alles zusammenbaust, und zwar jedes zweimal. Jede Schicht sollte einzeln trocknen. Denk daran, den Pinsel mit Wasser und Seife zu reinigen, wenn du fertig bist.

9 Die Fische und das Schneckenhaus werden an dünnen Schnüren oder Fäden am Kreuz aufgehängt, das an einer oben festgeschraubten Metallöse festgebunden wird. Für die Öse solltest du mit einer Stopfnadel Löcher in die Fische bohren, und zwar jeweils in der Mitte des oberen Randes. Gib einen Klecks unverdünnten Buchbinderleim in jedes Loch, und stecke die Öse vorsichtig hinein, damit sie sich nicht verbiegt oder gar seitlich aus dem Fischrücken wieder herausguckt.

10 Bohre in jeden Kreuzarm etwa 1 cm vom Ende entfernt von unten je ein Loch. Gib etwas Leim hinein, und stecke dann vorsichtig die Metallösen durch. Befestige für das Schneckenhaus eine Öse in der Mitte des Kreuzes. Achte darauf, daß sie genau in die Mitte kommt, damit die Muschel ausgewogen und gerade hängt. Schraube zum Schluß eine Öse in die Spitze des Kreuzes, und zwar in den höchsten Punkt des dort aufgemalten Schneckenhauses. Fische und Schneckenhaus können jetzt am Balkenkreuz aufgehängt werden. Ein Mobile wirkt am besten, wenn die Teile verschieden hoch hängen, da dann jedes Teil gut zu sehen ist. Schneide daher unterschiedlich lange Fäden oder Schnüre zurecht. Die Fadenenden befestigst du mit einem Doppelknoten an den Metallösen der Fischrücken. Die anderen Enden fädelst du durch je eine Öse im Balkenkreuz.

11 Jetzt kannst du dein Mobile aufhängen. Entscheide dich, wie tief oder hoch du es haben willst, und nimm einen entsprechend langen Faden. Soll das Mobile für ein Kleinkind oder Baby sein, hänge es so hoch, daß sie nicht daran ziehen und es in den Mund stecken können. Befestige ein Fadenende an der Mittelöse des Kreuzes, und binde eine Schlaufe am anderen Ende. Jetzt hänge das Mobile auf. Besonders effektvoll ist es dort, wo es einen leichten Luftzug gibt. Du kannst auch Glöckchen an die Fäden binden, die jede Bewegung mit einem Klingen begleiten.

TIP

Wasche deinen Pinsel nach dem Lackieren immer gut mit Seifenlauge aus.
Wenn du einen Klarlack verwendest, den man nur mit Terpentin entfernen kann, bitte einen Erwachsenen um Hilfe.

Hand-puppen

Es gibt verschiedene Möglichkeiten für das Basteln von Handpuppen. Wir stellen im folgenden eine der einfachsten und effektivsten Methoden vor.

Unsere Handpuppe kannst du wie einen Handschuh überziehen. Mit dem Mittelfinger hältst du ihren Kopf hoch, und mit den anderen Fingern bewegst du ganz einfach ihre Hände.

Jeder Puppenkopf wird aus Modelliermasse geformt, die man nach dem Trocknen des Papiermachés aus der aufgeschnittenen Papierhülle entfernt. Danach klebt man die beiden Hälften des Kopfes wieder zusammen. Zusätzliche Gesichtsteile kann man später aus Papierbrei hinzufügen.

DAS BRAUCHST DU

500 g Knetmasse pro Puppenkopf • Töpferwerkzeug o.ä. • Papier • Kleister oder wasserverdünnten Buchbinderleim • Cutter • Sägemesser • Palettenmesser • Buchbinderleim (unverdünnt) • Kreppband • feines Sandpapier • verschiedene Plakafarben • schwarze Tusche • glänzenden oder matten Klarlack • 2 Filzstücke à 23 cm × 23 cm pro Puppe und Schnipsel für die Hände • Pauspapier • Stecknadeln • Nadel und Faden • Zierlitze, etwa 70 cm • transparenter Alleskleber

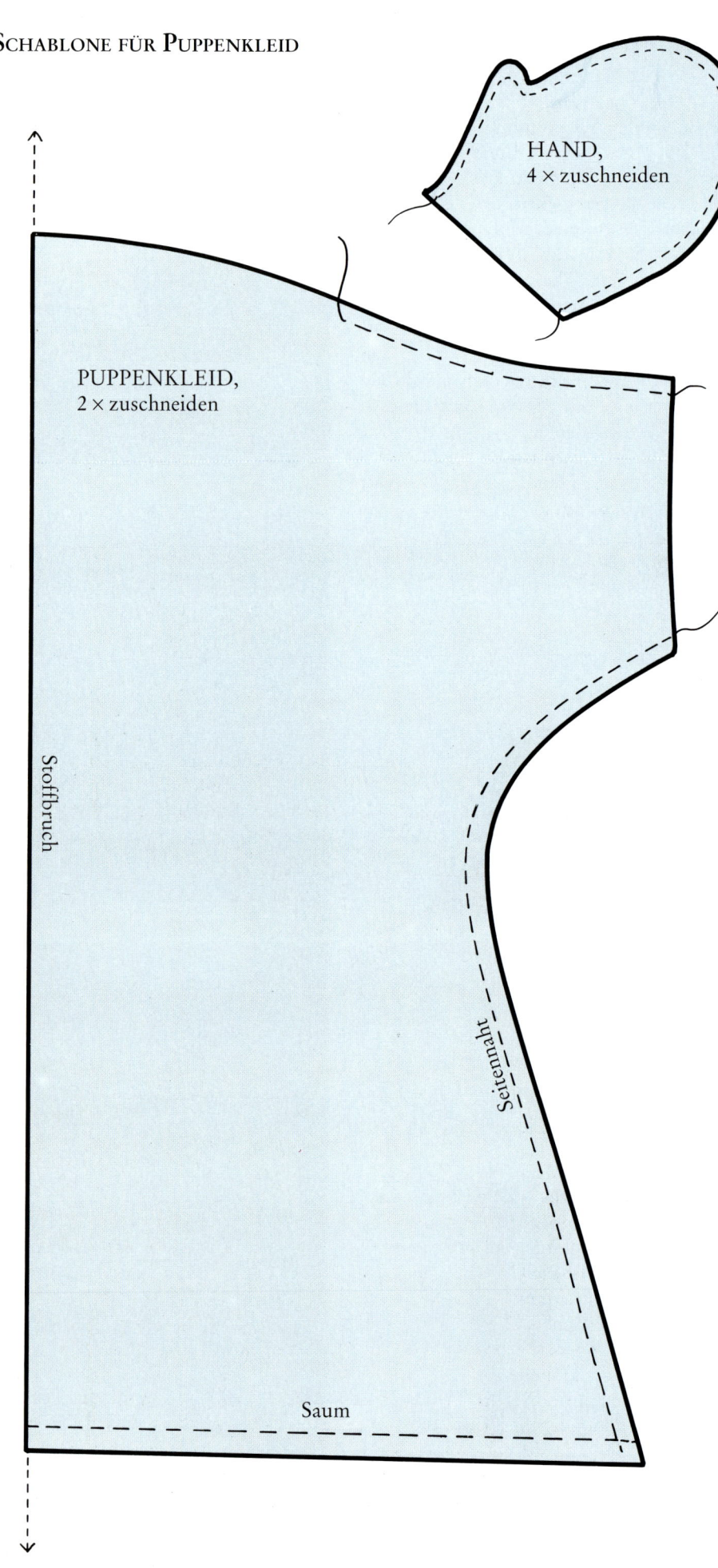

SCHABLONE FÜR PUPPENKLEID

HAND,
4 × zuschneiden

PUPPENKLEID,
2 × zuschneiden

Stoffbruch

Seitennaht

Saum

D as Gesicht deiner Handpuppe sollte besonders auffällig bemalt sein. Soll sie eine heitere Figur darstellen, gib ihr ein strahlendes, fröhliches Gesicht. Ein König oder eine Königin sollte würdevoll und eventuell hochmütig aussehen. Bedenke, daß das Gesicht der Puppe drei Meter oder noch weiter vom Publikum entfernt ist, falls du ein Theaterstück aufführst. Daher ist es wichtig, daß das Gesicht kühne und deutliche Züge trägt.

Unsere Puppen tragen farbenfrohe Filzkleider mit funkelnder Goldlitze. Man könnte aber auch überaus prächtige Gewänder aus feinen Stoffen, Pailletten, Plüsch usw. für sie nähen – auch mit der Hand. Du brauchst also nicht unbedingt eine Nähmaschine.

Anleitung für die Handpuppe

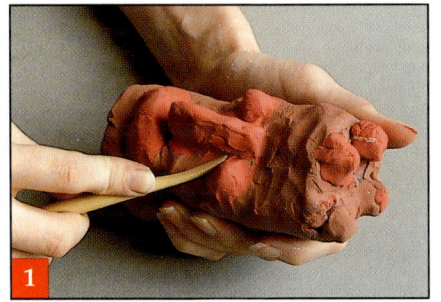

1 Knete die Modelliermasse zuerst ein wenig mit den Händen, bis sie geschmeidig geworden ist. Forme dann einen 10 cm × 7,5 cm großen Klumpen. Wenn dir die Größe zusagt, modelliere daraus den Puppenkopf. Du solltest versuchen, Augen, Nase und Mund möglichst genau herauszuarbeiten. Letzte Feinheiten (wie etwa Fältchen um die Augen herum) brauchst du jetzt allerdings noch nicht vorzusehen, da sie unter den Papierschichten wieder verlorengehen würden. Vor dem Bemalen kannst du immer noch plastische Elemente aus Papierbrei ansetzen.

2 Nimm kleine, etwa briefmarkengroße Stückchen Papier, so schmiegt sich das Papiermaché besser an die Konturen an. Wenn du insgesamt acht Schichten geklebt hast, lege den Kopf zum Trocknen auf ein Kuchengitter. Das kann unter ungünstigen Bedingungen bis zu vier Tage dauern, an einem warmen, luftigen Ort möglicherweise jedoch nur 48 Stunden. Wenn sich der Kopf von außen trocken anfühlt, schneide ihn auf, und hole die Knetmasse vorsichtig heraus. Bitte einen Erwachsenen, die Form für dich aufzuschneiden, denn für den ersten Einschnitt braucht man einen Cutter, und der ist bekanntlich furchtbar scharf. Schneide um den ganzen Kopf herum, und achte darauf, daß die Schnittlinie möglichst gerade verläuft. Man kann den Kopf sowohl längs als auch quer aufschneiden, solange der Schnitt nur gerade ist. Nach dem ersten Schnitt läßt sich der Rest am besten mit einem Sägemesser durchtrennen, zum Beispiel mit einem Brotmesser, denn mit einer kurzen Klinge kommt man nicht quer durch die Knetmasse.

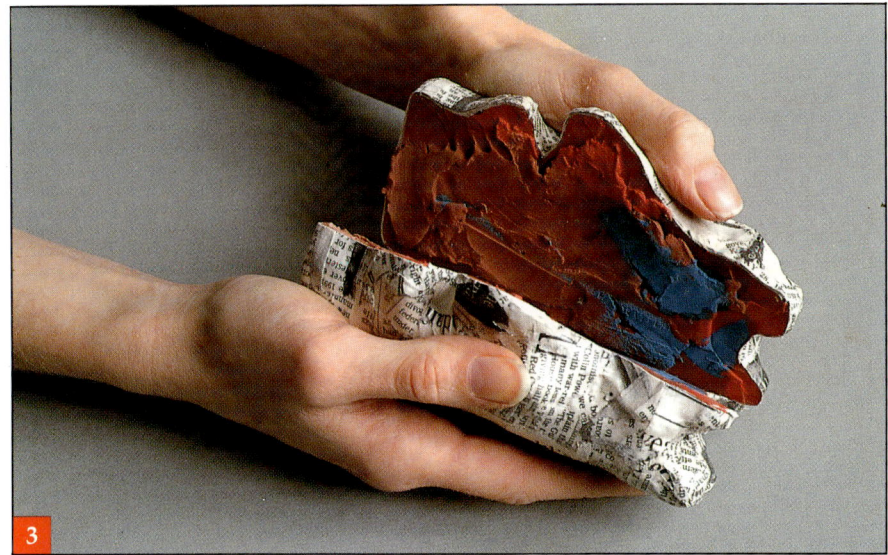

3 Laß die Innenkanten der aufgeschnittenen Hälften mindestens zwei Stunden trocknen, sonst könnten sie beim Herausklauben der Modelliermasse leicht reißen, und das wäre schließlich schade. Wenn sich die Kanten etwas verhärtet haben, nimm ein kleines Palettenmesser, und schiebe es vorsichtig zwischen die Masse und den Rand der Hülle. Drücke das Knetgummi zuerst etwas von den Seiten weg, ohne dabei das Papiermaché zu beschädigen. Klaube dann nach und nach Klumpen heraus. Laß die leeren Papierhälften mindestens zwei Stunden trocknen.

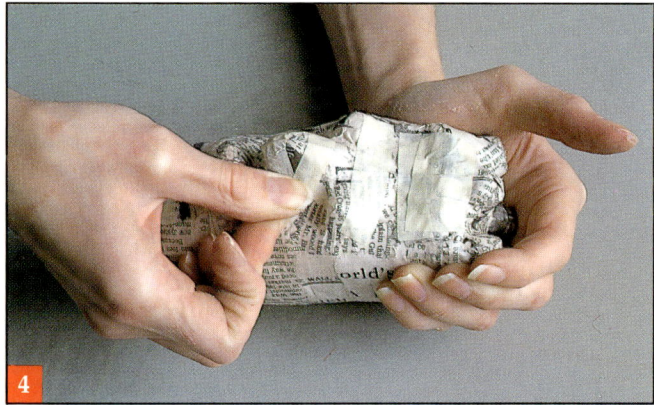

4 Die beiden Kopfhälften werden jetzt wieder zusammengesetzt. Bestreiche die Kanten beider Hälften dünn mit unverdünntem Buchbinderleim, und füge sie zusammen. Sichere sie mit Kreppband. Es muß paßgenau sein, sonst entsteht eine häßliche Naht. Laß den Leim eine Stunde antrocknen, dann bedecke die Verbindungslinie mit kleinen Papierstreifen. Zwei Schichten reichen aus, um sie zu versiegeln.

5 Jetzt kommen die Gesichtszüge aus Papierbrei an die Reihe – falls erwünscht. Dazu brauchst du lange, dünne Papierstreifen. Tauche sie in den Tapetenkleister oder wasserverdünnten Buchbinderleim, und quetsche zwischen den Fingern überschüssigen Leim heraus. Setz die Masse direkt an den Kopf. Laß deine Phantasie spielen, gib deinem König einen üppigen Bart und eine reichverzierte Krone. Laß die Zusätze mindestens 24 Stunden trocknen. Nach dem Trocknen kannst du die neuen Teile mit einer Schicht aus Papierstreifen überziehen. Laß auch sie ausreichend trocknen.

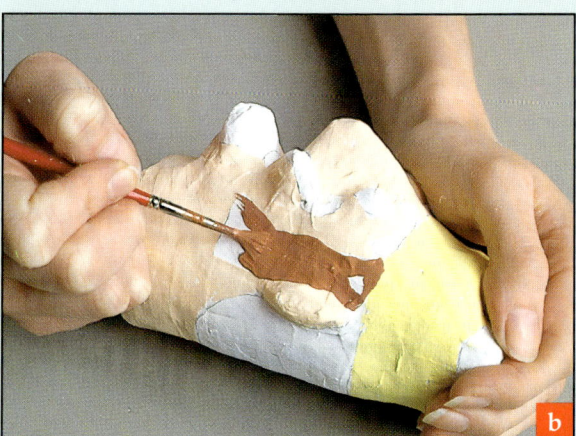

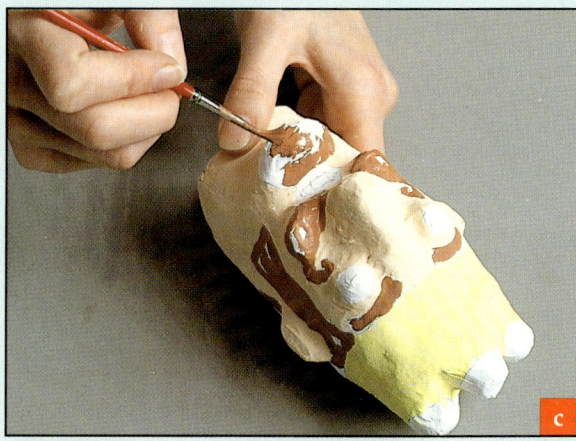

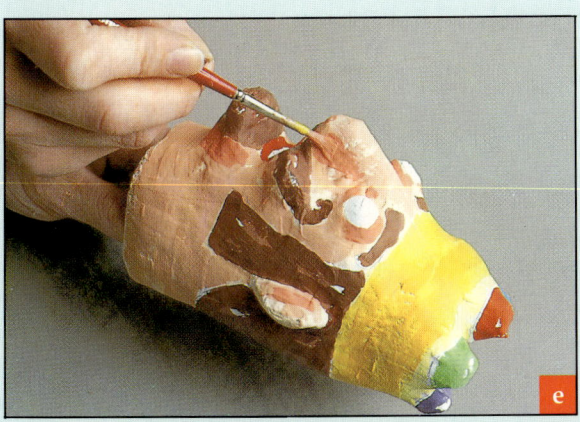

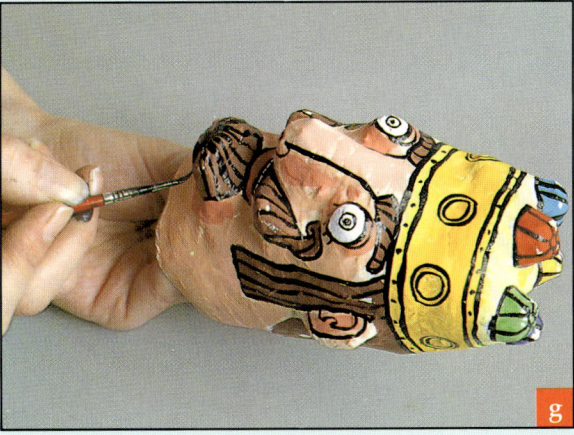

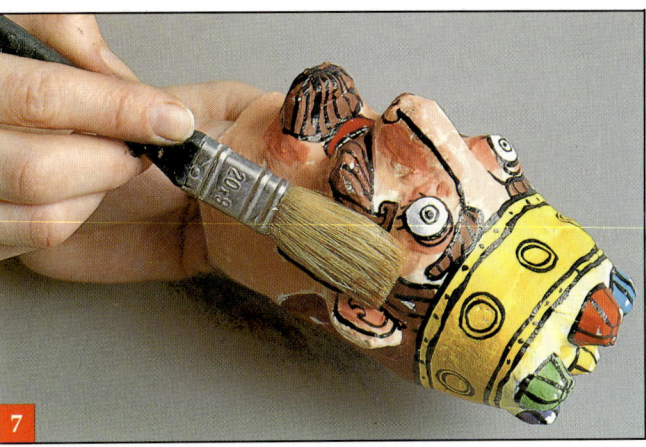

7 Wenn der Kopf über Nacht getrocknet ist, überziehst du ihn mit zwei Schichten Klarlack. Laß die erste Schicht trocknen, bevor du die zweite aufträgst. Zum Schluß reinigst du deinen Pinsel mit Wasser und Seife.

6 Wenn der Kopf trocken ist, reibe ihn glatt, und grundiere ihn zweimal mit weißer Farbe. Zeichne die Gesichtszüge mit Bleistift auf, und male sie farbig aus. Laß die Farbe vier Stunden trocknen, dann ziehe die Konturen mit schwarzer Tusche nach.

Bemalung des Puppenkopfes

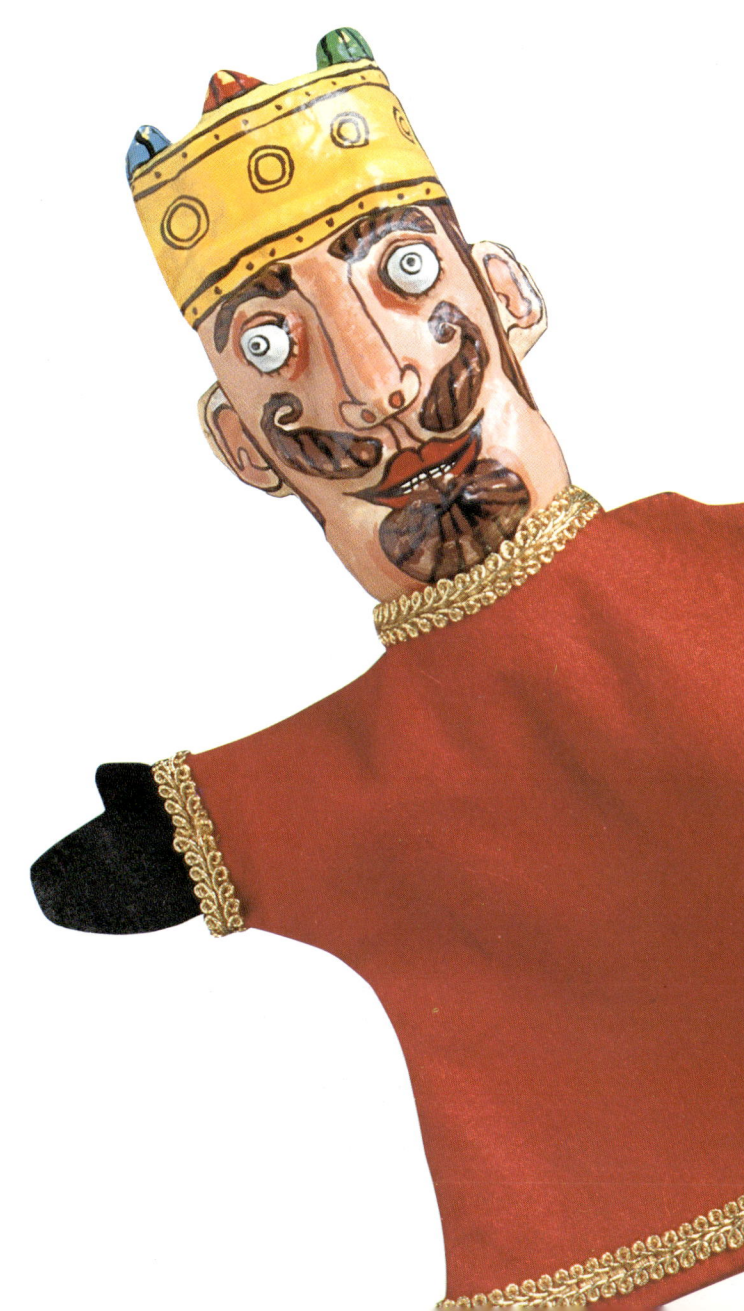

Anleitung für das Puppenkostüm

8 Pause das Schnittmuster vom Buch ab. Schneide die Form aus dem Pauspapier aus, und hefte es mit Stecknadeln an zwei Lagen Filz. Schneide den Stoff um das Muster herum aus, und ziehe die Stecknadeln heraus. Stecke die beiden Teile des Kleides rechts auf rechts zusammen. Vielleicht hilft dir ein Erwachsener und näht es für dich auf der Maschine, ansonsten geht es auch mit der Hand. Du solltest rundum einen Saum von 0,5 cm lassen. Am Hals bleibt eine Öffnung. Miß den Halsumfang der Puppe, und näh die Halsöffnung des Gewands so weit zu, daß der Kopf knapp hineinpaßt.

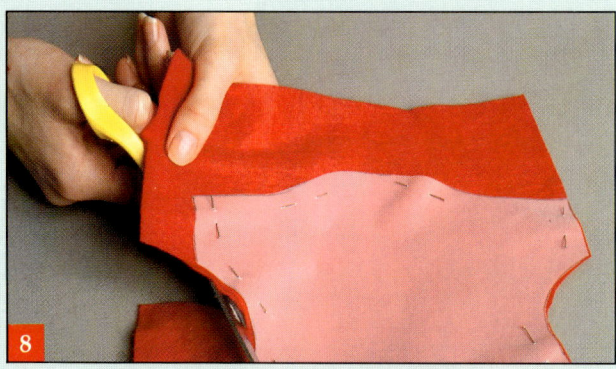

9 Pause das Handmuster vom Buch ab. Schneide das Schnittmuster aus dem Pauspapier aus, und stecke es auf deinen Filz. Schneide die Hand viermal zu, und nähe je zwei Teile für eine Hand zusammen. Laß 0,5 cm Saum stehen. Die Nähte bleiben außen, darum nähe möglichst akkurat. Schneide Goldlitze als Besatz für die Ärmel und den Saum zu. Nähe die Litze mit kleinen Stichen auf die Nähte auf. Zur Not kann man sie auch aufkleben.

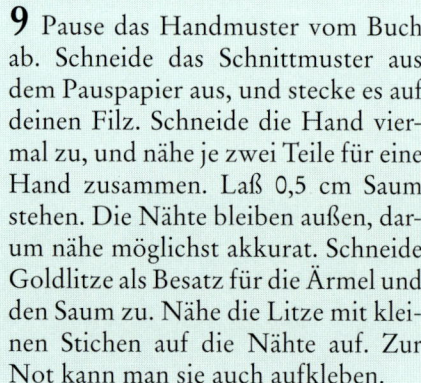

10 Lege je eine fertig genähte Hand in die Ärmel. Stecke sie an die Ärmel, und hefte sie fest. Vernähe jeweils den restlichen Faden, und entferne die Nadeln.

11 Steck den Puppenkopf zur Anprobe ins Gewand. Bestreiche den Hals dort, wo das Kleid ansetzen soll, mit etwas transparentem Alleskleber, und laß ihn antrocknen. Dann klebe den Puppenhals in das Kleid. Laß den Klebstoff trocknen, und klebe dann Goldlitze um den Halsausschnitt – ebenfalls mit Alleskleber. Laß alles über Nacht trocknen, dann kann der Vorhang aufgehen.

»Die ganze Welt ist ein Bühne«
– und alle sehen gerne die
Puppen tanzen!

Ausgefallene Papiermaché-Objekte

»Mirror« (»Spiegel«)
von SANDY ENNIS von
SURFACE SOLUTIONS
handgemachtes
Buntpapier auf
Holzgrund

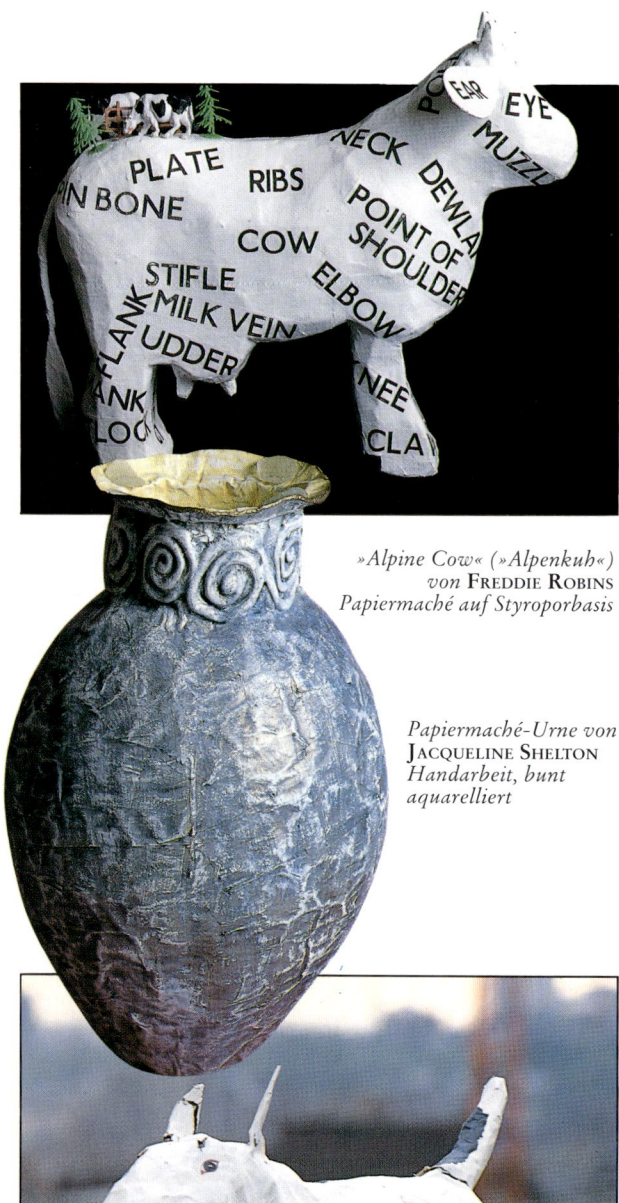

»Alpine Cow« (»Alpenkuh«)
von FREDDIE ROBINS
Papiermaché auf Styroporbasis

Papiermaché-Urne von
JACQUELINE SHELTON
Handarbeit, bunt
aquarelliert

»Tattooed Ship's Cat« (»tätowierte Schiffs-
katze«) von MARION ELLIOT
Papiermaché mit Styroporkern, bemalt in
Gouache und schwarzer Tusche und mit
glänzendem Klarlack überzogen

»James« von SHEENA VALLELY,
alias »Dirty Dog«
Papiermaché mit Draht- und Zeitungskern,
mit Acrylfarben bemalt